Rainer Endriß / Klaus Malek
MIETERRECHTE
Von A wie Auszug bis Z wie Zeitmietvertrag

Rainer Endriß
Klaus Malek

MIETERRECHTE

Von A wie Auszug
bis Z wie Zeitmietvertrag

1990

DREISAM-VERLAG, Köln

CIP-Titelaufnahme der Deutschen Bibliothek
Endriss, Rainer
Mieterrechte : von A wie Auszug bis Z wie Zeitmietvertrag / Rainer Endriss ;
Klaus Malek. - 5., überarb. u. aktualisierte Aufl. - Köln : Dreisam-Verl., 1990
  (Ratgeber Recht)
  ISBN 3-89452-302-6
NE: Malek, Klaus:

5. neu bearbeitete Auflage 1990
ISBN 3-89452-302-6

© copyright 1990, Dreisam Verlag, Köln
Satz: Hayit Verlag, Köln
Druck: PDC, Paderborn
Coverfoto: Mainbild, Frankfurt/M.

Inhaltsverzeichnis

Vorwort der Autoren zur 5. Auflage

Seit Erscheinen der 4. Auflage der ,,Mieterrechte'' sind sechs Jahre vergangen, die in Gesetzgebung und Rechtsprechung nicht unerhebliche Änderungen im Wohnraummietrecht mit sich gebracht haben. Dies gilt z. B. für die Anfangsrenovierung im Bereich der Schönheitsreparaturen (vgl. den Rechtsentscheid des Bundesgerichtshofs vom 07.07.1987) und die (wenig mieterfreundliche) Klärung des Eigenbedarfsbegriffs im Rahmen des Kündigungsrechts (vgl. den Rechtsentscheid des Bundesgerichtshofs vom 20.01.1988 und die Beschlüsse des Bundesverfassungsgerichts vom 18.01.1988 und 14.02.1989). Der am 01.01.1988 in Kraft getretenen Neuregelung des Berliner Mietpreisrechts (Aufhebung der Mietpreisbindung für Altbauwohnraum) war ebenso Rechnung zu tragen, wie der Neufassung der Heizkostenverordnung vom 20.01.1989.

Die Rechtsprechung zum Mietrecht wurde bis zum 30. April 1990 berücksichtigt. Das Buch wurde insoweit auf den neuesten Stand gebracht.

Der Verlag und die Autoren bleiben weiterhin bemüht, die jeweils aktuelle Gesetzgebung und Rechtsprechung im Mietrecht auf dem neuesten Stand darzustellen und wichtigen Änderungen durch eine Neuauflage Rechnung zu tragen.

Freiburg, im April 1990   Rainer Endriß/Klaus Malek

Einleitung

Es hat in den letzten Jahren nicht an Veröffentlichungen zum Thema Mietrecht für Mieter gefehlt. Daß wir uns dennoch zur Abfassung einer weiteren Broschüre entschlossen haben, hat mehrere Gründe.

Einige der vorliegenden Veröffentlichungen sind zwar recht umfangreich und detailliert, aber zu „juristisch". Die Verfasser konnten nicht über den Schatten fachjuristischer Ausdrucksweisen springen, wodurch ihre Ausführungen für juristische Laien weitgehend unverständlich bleiben.

Andere Veröffentlichungen sind zwar dem Laien verständlich, bemühen sich jedoch um einen unparteiischen Standpunkt. Dieser Ansatz ist unseres Erachtens falsch. Denn das Mietrecht ist neben dem Arbeitsrecht eines der Gebiete, in dem wegen der wirtschaftlichen Machtverhältnisse alle Bemühungen des Gesetzgebers um eine soziale Regelung zumeist daran scheitern, daß der wirtschaftlich Stärkere die besseren Möglichkeiten zur Rechtsverfolgung hat und in der Regel auch das Prozeßkostenrisiko nicht zu scheuen braucht. In dieser Situation vermag nur eine bewußt einseitige, parteiische Anleitung dem Mieter zu seinem Recht zu verhelfen. Um eine solche Darstellung haben wir uns bemüht.

Ein weiterer Mangel bereits vorliegender Veröffentlichungen liegt unseres Erachtens darin, daß sie den Mieter zwar vielfach umfangreich und sachlich über seine Rechte informieren, ihm jedoch nicht die Mittel und Wege aufzeigen, wie er diese Rechte auch durchzusetzen hat. Demgemäß war es unser Bemühen, den Schwerpunkt der Darstellung auf praktische Hinweise zur Durchsetzung von Rechten und zur Abwehr von ungerechtfertigten Übergriffen zu legen. Vor allem durch Musterbriefe und Musterklagen versuchten wir dieses Ziel zu erreichen. Daß wir dahinter die juristische Exaktheit nicht zurücktreten ließen, versteht sich von selbst.

Ferner schien es uns ratsam, eine Broschüre herauszugeben, die besonders auf die Bedürfnisse von Studenten und anderen Auszubildenden ausgerichtet ist. Diese Gruppe, die oft in Untermiete wohnt, jedenfalls aber auf billigen Wohnraum angewiesen ist und darauf, diesen Wohnraum auch behalten zu können, ist, neben ausländischen Arbeitnehmern, in besonderem Maße ausbeuterischen Praktiken von Hausbesitzern ausgesetzt. Die zunehmende Praxis, ganze Dachgeschosse in mehrere hasenstallartige Kammern auszubauen, wobei die sanitären Anlagen meist skandalös, die Mieten dafür umso höher sind, ist nur ein Beispiel dafür. Die Vertragsbedingungen sind oft mittelalterlich (nächtliches Besuchsverbot etc.). Um solche Mißstände zu beseitigen, bedarf es einer umfassenden Information der Betroffenen. Diesem Anliegen soll die Broschüre dienen.

Hinweise zur Benutzung

1. Wer Zeit hat, der sollte die Broschüre im Ganzen lesen, oder zumindest überfliegen. In jedem Fall empfehlen wir, zu einem konkreten Problem nicht nur den unmittelbar zutreffenden Unterabschnitt, sondern das gesamte dazugehörende Kapital zu lesen. Da wir allzu häufige Wiederholungen vermeiden wollen, konnten wir nicht jede denkbare Frage in jedem möglichen Zusammenhang erörtern. Aus diesem Grunde wurden auch gewisse Vor- und Rückverweise notwendig, die wir aber auf das erträgliche Maß einzuschränken versuchten.

2. Ein Abdruck der einschlägigen Gesetzesbestimmungen hätte den Umfang der Broschüre zu sehr anschwellen lassen. Wer sich dennoch aus den Rechtsquellen informieren möchte, dem empfehlen wir die Textausgabe des Deutschen Taschenbuchverlages ,,Mietengesetze" (Nr. 5013, DM 9,80 DM). Diese Sammlung enthält alle wichtigen Bestimmungen.

3. Wichtige Gerichtsentscheidungen haben wir zitiert, und zwar in der fachüblichen Weise. Zumeist sind die Entscheidungen Fachzeitschriften entnommen. Wenn z. B. folgendermaßen zitiert wird: WM 84,19 so bedeutet das, daß die Entscheidung in der Zeitschrift ,,Wohnungswirtschaft und Mietrecht", Jahrgang 1984, Seite 19 abgedruckt ist. Das Abkürzungsverzeichnis finden Sie nachstehend. Wollen Sie aus bestimmten Gründen nachschlagen, so haben Sie möglicherweise auch als Nichtjurist Zugang zum juristischen Seminar Ihrer Universität. Dort wird man Ihnen auch über den Standort der Zeitschrift Auskunft geben.

Noch in der 2. Auflage haben wir an dieser Stelle darauf hingewiesen, daß es keinen Absolutheitsanspruch von Gerichtsentscheidungen gibt. Dies gilt zwar nach wie vor. Inzwischen hat der Gesetzgeber jedoch eine Regelung getroffen, die unterschiedliche Entscheidungen in gleicher Rechtsfrage verhindern soll.

Nach dieser Regelung (Art. III des Gesetzes zur Änderung mietrechtlicher Vorschriften) sollen künftig die Landgerichte, welche in Mietrechtsentscheidungen grundsätzlich Berufungsgerichte sind, eine Rechtsfrage, die von grundsätzlicher Bedeutung ist, und über die noch nicht per ,,Rechtsentscheid" entschieden wurde, dem Oberlandesgericht vorlegen, welches durch den sog. ,,Rechtsentscheid" über die Rechtsfrage befindet (ohne daß dadurch für die streitenden Parteien Mehrkosten entstehen). Die Oberlandesgerichte sind wie auch die Land- und Amtsgerichte an einen Rechtsentscheid eines anderen Oberlandesgerichts gebunden. Will ein Oberlandesgericht von einem Rechtsentscheid eines anderen Oberlandesgerichts abweichen, so muß es seinerseits die Rechtsfrage dem Bundesgerichtshof zur Entscheidung vorlegen, an dessen Rechtsentscheid dann alle übrigen Gerichte gebunden sind.

Zur Zeit herrscht unter den Oberlandesgerichten der Grundsatz ,,Wer zuerst kommt, mahlt zuerst", d.h. wenn ein Oberlandesgericht einmal über eine Rechtsfrage per

Rechtsentscheid entschieden hat, sind alle anderen Oberlandesgerichte an diese Entscheidung gebunden und können auch bei abweichender Meinung nur noch den Bundesgerichtshof zur Entscheidung heranziehen.

Mit der Tatsache, daß die Landgerichte an die Rechtsentscheide der Oberlandesgerichte gebunden sind, wurde auch erreicht, daß die Amtsgerichte nunmehr ihre Entscheidungen nach den einheitlichen Rechtsentscheidungen ausrichten, da diese sonst befürchten müssen, daß das Berufungsgericht, das ja an die Rechtsentscheide gebunden ist, ihre Entscheidung „lupft".

Im übrigen ist zu beachten, daß kein in der Praxis vorkommender Fall jemals genauso geartet ist, wie ein anderer bereits entschiedener. Es kommt immer ganz genau auf die Umstände des Einzelfalls an. Daher kann es auch sein, daß eine scheinbar völlig auf Ihr Problem zutreffende Gerichtsentscheidung eben doch nicht auf Ihren Fall übertragen werden kann, weil der ihr zugrunde liegende Sachverhalt in einer unscheinbaren, aber entscheidungserheblichen Einzelheit von dem Ihrigen abweicht.

Damit soll natürlich nicht gesagt werden, daß die angeführten Entscheidungen keinerlei Bedeutung für Sie hätten — in diesem Fall hätte die Zitierung ja keinen Sinn; es soll jedoch zur Vorsicht im Umgang mit scheinbar zutreffenden Urteilen gemahnt werden.

Abkürzungsverzeichnis

Abs.	Absatz
AG	Amtsgericht
Bayer. VerwBl	Bayerische Verwaltungsblätter
BayObLG	Bayerisches Oberstes Landesgericht
BGB	Bürgerliches Gesetzbuch
BGH	Bundesgerichtshof
BMG	Bundesmietengesetz in der in Berlin geltenden Fassung
BSHG	Bundessozialhilfegesetz
BVerfGE	Entscheidungen des Bundesverfassungsgerichts (Band, Seite)
BVerwG	Bundesverwaltungsgericht
BVerwGE	Entscheidungen des Bundesverwaltungsgerichts (Band, Seite)
BVG	Bundesversorgungsgesetz
GG	Grundgesetz
GVBI	Gesetz- und Verordnungsblatt für Berlin
KG	Kammergericht Berlin
LG	Landgericht
MHG	Gesetz zur Regelung der Miethöhe (Miethöhengesetz)
ModEnG	Modernisierungs- und Energieeinsparungsgesetz
NJW	Neue Juristische Wochenzeitschrift
OLG	Oberlandesgericht
OVG	Oberverwaltungsgericht
Rdnr.	Randnummer
VG	Verwaltungsgericht
VGH	Verwaltungsgerichtshof
WiStG	Wirtschaftsstrafgesetz
2. WKSchG	2. Wohnraumkündigungsschutzgesetz vom 18. Dez. 1974
WM	Wohnungswirtschaft und Mietrecht
II. WoBauG	II. Wohnungsbaugesetz in der Fassung vom 1. Sept. 1976
WoBindG	Wohnungsbindungsgesetz
WoGG	Zweites Wohngeldgesetz
WPM	Wertpapiermitteilungen
ZMR	Zeitschrift für Miet- und Raumrecht
ZPO	Zivilprozeßordnung
ZVG	Zwangsversteigerungsgesetz

1. Kapitel Wohnungssuche

I. Eigene Suche

1   Obwohl in der Bundesrepublik selbst in den Ballungsgebieten Tausende von
      Wohnungen leerstehen, ist das Angebot für Mieter knapp. Schöne und billi-
      ge Wohnungen in Altbauten stehen oft leer, weil diese Büro- und Appartment-
      häusern weichen sollen. Die an ihrer Stelle entstandenen Luxuswohnungen
      warten entweder oft viele Jahre auf einen finanzkräftigen Käufer, oder wer-
      den zu Mieten feilgeboten, die selbst Gutverdienende nicht erbringen kön-
      nen. Auch die in vielen Bundesländern und für zahlreiche Großstädte (vgl.
      unter Rdnr. 191 f.) geltenden Zweckentfremdungsverordnungen geben dem
      Wohnungssuchenden keinen Rechtsanspruch, als Mieter in eine dieser leer-
      stehenden Wohnungen einziehen zu dürfen.
      Da nach höchstrichterlicher Rechtssprechung (BVerwG in NJW 1981, 242)
      die zuständigen Verwaltungsbehörden das nach den Zweckentfremdungs-
      verordnungen rechtswidrige Leerstehenlassen lediglich mit einem Bußgeld-
      bescheid ahnden können, sollten Sie sich nicht scheuen, diesen Behörden
      wenigstens von leerstehenden Wohnungen Kenntnis zu geben, damit ggf.
      der Spekulationsgewinn durch ein Bußgeld (bis zu DM 20.000) geschmälert
      ist.
      Einigermaßen erschwingliche oder gar preisgünstige Wohnungen sind sehr
      schwer zu finden. Besonders Vertreter eines bestimmten Berufsstandes ma-
      chen mit der hier vorhandenen Knappheit gute Geschäfte. Die freundlichen
      Dienste eines solchen Rechtsgenossen, eines Maklers nämlich, sollten Sie
      aber, weil teuer, nach Möglichkeit nicht in Anspruch nehmen. Versuchen Sie
      zunächst einen billigeren Weg. Dazu hier einige praktische Tips:

2   1. Fragen Sie Ihre Bekannten, ob diese wissen, wann irgendwo eine Woh-
      nung oder ein Zimmer frei wird, und bitten Sie diese, sich weiter umzuhö-
      ren. Die besten Wohnungen gehgen meist unter der Hand weg.

3   2. Verfolgen Sie die Anzeigen in den Tageszeitungen, besonders in den Wo-
      chenendausgaben. Holen Sie sich die Zeitung so früh wie möglich, am be-
      sten noch in der Nacht. Scheuen Sie sich nicht, schon in den ganz frühen
      Morgenstunden oder sogar noch mitten in der Nacht auf ein Angebot hin
      anzurufen. Die anderen Wohnungssuchenden machen das auch. Morgens
      um acht Uhr wird ,,Ihre'' Wohnung meist schon vermietet sein.

4   3. Versuchen Sie es auch mit Anschlägen an Anschlagtafeln in Gaststätten,
      Universitäten, Geschäften etc.

5   4. Eine gute Einrichtung, an die Sie sich auch wenden sollten, sind die „kommunalen Wohnraumvermittlungen", manchmal auch „kommunale Maklerbüros" genannt. Hier vermitteln Angestellte der Gemeinden kostenlos oder gegen geringes Entgelt Wohnungen. Die Vermieter wenden sich allerdings sehr selten an die kommunalen Makler, obwohl auch für sie die Vermittlung kostenlos ist. Da somit nur wenige Wohnungen über diese Einrichtung angeboten werden, muß man sich eventuell zunächst auf eine Warteliste eintragen lassen und dann noch anderweitig weitersuchen.

6   5. Wenn Sie selbst ein Inserat in der Zeitung aufgeben, dann geben Sie die Telefonnummer, eventuell auch die eines Freundes an. Schriftlich wird Ihnen ein Vermieter selten auf Ihre Anzeige hin antworten.

7   6. Sie können auch Rundschreiben an alle Hausverwaltungen schicken, oder einfach in einem Bezirk in alle Briefkästen Schreiben stecken, in denen Sie die Anwohner wissen lassen, daß Sie gerne in ihre Nachbarschaft ziehen möchten und ihnen für ihre Unterstützung sehr dankbar wären. Dieser Weg ist zwar aufwendig, aber oft recht wirkungsvoll.

8   7. Falls Sie mit der Zeitungsannonce, dem Anschlag und dem Rundschreiben noch keinen Erfolg hatten, helfen Sie der Trägheit Ihrer Mitmenschen durch „kleine Versprechen" ab. Fassen Sie dann Ihren Anschlag und die Zeitungsannonce etwa so: Biete 200 DM plus Blumenstrauß für Vermittlung einer ?-Zimmer-Wohnung, Tel. ... Dieser Anreiz fördert die Hilfsbereitschaft Ihrer Mitmenschen, und hilfsbereiten Mitmenschen etwas zukommen zu lassen, ist angenehmer, als dem Makler einen größeren Betrag hinzublättern.

II. Makler

9   Der Makler — das überflüssigste Gewerbe der Welt, wie treffend formuliert wurde — ist das teuerste Mittel, um eine Wohnung zu bekommen. Nun ist durch das Wohnungsvermittlungsgesetz seit 1971 die Befugnis der Makler, aus der Notlage der Wohnungssuchenden Profite zu schlagen, zwar ein wenig eingeschränkt. Viele Vertreter der Branche spekulieren allerdings auf die Rechtsunkenntnis ihrer Kunden. Oft ist der Makler dann doch teurer, als es das Gesetz erlaubt. Beachten Sie deshalb, falls sich der Weg zum Makler für Sie nicht umgehen läßt, das Folgende:

10   Einen **Anspruch auf Vergütung** (Courtage oder Provision genannt) hat der Makler erst, wenn in Folge seiner Tätigkeit ein Mietvertrag tatsächlich zustande kommt (§§ 652 BGB, 2 Abs. 5 Wohnungsvermittlungsgesetz). Im Hinweis des Maklers, der Käufer solle die Wohnung selbst ansehen, liegt keine Vermittlungstätigkeit. Vielmehr ist aktives Verhandeln mit dem Vertragspartner erforderlich (AG Miesbach WM 79, 127). Nehmen Sie eine vom Makler

angebotene Wohnung also nicht, brauchen Sie auf keinen Fall Provision zu zahlen. Die Vereinbarung eines erfolgsunabhängigen Honorares ist zwingend ausgeschlossen (LG Passau WM 88, 128).

11   Vergütung kann der Makler auch nur dann verlangen, wenn er von Ihnen irgendwie beauftragt worden ist. Meistens geschieht dies durch Unterzeichnung eines ,,Auftragsscheines". Diesen sollten Sie vor Unterzeichnung unbedingt genau lesen!

12   Ein Auftrag kann aber auch mündlich erteilt werden. Sogar durch schlüssiges Handeln kann ein Maklervertrag zustande kommen, z.B. wenn Sie beim Makler auf eine Zeitungsanzeige hin anfragen, und dieser Ihnen die angebotene Wohnung bekannt gibt. Der Makler muß dann aber erkennbar machen, daß er Provision fordern will. Tut er dies nicht, so kommt trotz telefonischer Auskunft über das in der Zeitung angebotene Objekt ein Maklervertrag nicht zustande (AG Köln WM 81, 236). Beim gewerbsmäßigen Makler müssen Sie davon allerdings meist ausgehen. Oft erhält der Makler aber schon vom Vermieter Provision. Zwar ist dem Makler die ,,Doppeltätigkeit" nicht untersagt — er darf auch noch mit dem Mieter einen provisorischen Maklervertrag abschließen. Dann muß der Makler aber Ihnen gegenüber deutlich machen, daß er auch von Ihnen Gebühren verlangen will. Sonst können Sie davon ausgehen, daß er nur seine Verpflichtung gegenüber dem Vermieter erfüllen will. Sie sind ihm dann zu keinerlei Zahlung verpflichtet.

13   Ebenso verhält es sich, wenn Sie sich Maklerdienste nur ,,gefallen lassen", also z. B. wenn der Makler Ihnen aufgrund Ihrer Annonce eine Wohnung nachweist. Wenn der Makler nicht klar zu erkennen gibt, daß er bei Zustandekommen eines Mietvertrages von Ihnen Provision verlangen will, brauchen Sie nicht zu zahlen. Falls der Makler gegen Sie klagt, muß er dies (das stillschweigende Zustandekommen eines Maklervertrages) beweisen.

14   Einen Vorschuß darf der Makler nicht verlangen (§ 2 Abs. 5 Wohnungsvermittlungsgesetz).

15   Wenn der Mietvertrag zustande gekommen ist, darf der Makler neben der Provision keine weiteren Entgelte, insbesondere nicht für Einschreibegebühren, Schreibgebühren oder Auslagenerstattung fordern. Die Mehrwertsteuer allerdings darf er erheben, dies auch ohne ausdrückliche Vereinbarung.

16   Eine Ausnahme gilt nur für den Fall, daß die nachweisbaren Auslagen eine Monatsmiete übersteigen, was aber kaum vorkommen dürfte. Der Makler kann allerdings mit Ihnen eine ausdrückliche Vereinbarung treffen, daß er für den Fall, daß ein Mietvertrag nicht zustande kommt, Ihnen seine Aufwendungen in Rechnung stellt. Er muß aber dann die einzelnen Ausgaben nachweisen. Einen Pauschalbetrag darf er nicht erheben (§ 3 Abs. 2 Wohnungsvermittlungsgesetz).

17   Der Mietvertrag muß in Folge der Maklertätigkeit zustandegekommen sein.
      An dieser Ursächlichkeit wird es meist dann fehlen, wenn Sie die angebote-
      ne Wohnung bereits kennen. Diese Kenntnis müssen Sie im Streitfall be-
      weisen. Werden allerdings mehrere Makler eingeschaltet, hat der einzelne
      Makler für die Ursächlichkeit gerade seiner Nachweistätigkeit am Vertrags-
      abschluß Behauptungs- und Beweislast (BGH WM 79, 126), d.h. der Kunde
      wird im Normalfall den billigeren Makler wählen können, wenn er sich gleich-
      zeitig zweier bedient. Wenn der Makler allerdings nachweisen kann, daß sein
      Handeln nicht unwesentlich dazu beigetragen hat, daß der Vermieter mit Ih-
      nen abschließt, so sind Sie trotz Kenntnis des Objekts zur Provisionszah-
      lung verpflichtet. Die Tätigkeit des Maklers braucht nämlich nicht die alleini-
      ge Ursache für den Abschluß des Mietvertrags zu sein. Es genügt Mitursäch-
      lichkeit, die z. B. dann gegeben ist, wenn der Makler den Vermieter bekannt
      macht und beim Vermieter ein nicht „unwesentliches Motiv" (so der BGH
      in WPM 74, 257) setzt.

18   Es reicht nicht jede Ursächlichkeit der „Tätigkeit" des Maklers als Ursache
      für den Vertragsabschluß aus, damit Ihnen der Makler in die Tasche greifen
      kann. Wenn der Vertrag auch ohne den Makler zustande gekommen wäre,
      brauchen Sie keine Provision zu zahlen. Der Makler muß aktiv tätig gewor-
      den sein (vgl. Rdnr. 11).

19   Gelegentlich sichern sich die Makler durch sogenannte „Vorkenntnisklau-
      seln" ab. Nach einer solchen Bestimmung verpflichtet sich der Wohnungs-
      suchende, die Kenntnis, die er vor der Beauftragung des Maklers von dem
      Mietobjekt hatte, innerhalb einer bestimmten Frist mitzuteilen. Andernfalls
      soll der Mietvertrag als durch die Tätigkeit des Maklers zustandegekommen
      gelten. Das heißt, daß Sie dann die Provision zu zahlen hätten. Da eine sol-
      che Klausel für den Mieter sehr nachteilig ist, darf sie nach der Rechtspre-
      chung (BGH in NJW 71, 1333) nicht in Formularverträgen oder in allgemei-
      nen Geschäftsbedingungen, also nicht in Kleingedrucktem festgelegt wer-
      den. Eine solche Klausel ist vielmehr nur dann wirksam, wenn sie — außer-
      halb der gedruckten Geschäftsbedingungen — individuell vereinbart wor-
      den ist, oder der Makler Sie auf die Klausel ausdrücklich hingewiesen und
      sie Ihnen erklärt hat.

20   Meist wird im Maklervertrag auch vereinbart, daß bekanntgegebene Adres-
      sen nicht weitergegeben werden dürfen. Im Falle der unbefugten Weiterbe-
      nennung kann der Makler dann Schadensersatz in Höhe der Provision ver-
      langen. Die unbefugte Weitergabe muß der Makler aber beweisen. Dieser
      Beweis dürfte für ihn in der Regel schwer zu führen sein.

21   Für den Fall der Nichterfüllung von Vertragspflichten dürfen grundsätzlich
      auch Vertragsstrafen vereinbart werden. Die Höhe einer solchen Strafe darf

jedoch 10 % des Mietpreises nicht übersteigen und im höchsten Falle DM 50 betragen (§ 4 Wohnungsvermittlungsgesetz).

22 Auch wenn Sie einen Makler beauftragt haben, und infolge seiner Tätigkeit eine Wohnung bekommen haben, besteht in folgenden Fällen niemals eine Provisionsverpflichtung (vgl. § 2 Wohnungsvermittlungsgesetz):
— wenn der Makler selbst Eigentümer, Vermieter oder Verwalter der Wohnung ist;
— wenn die Wohnung von einer Gesellschaft, also z. B. einer GmbH, AG usw. vermietet wird, und der Makler an dieser Gesellschaft als Geschäftsführer, Gesellschafter oder ähnliches beteiligt ist;
— wenn der Eigentümer, Vermieter oder Verwalter an einer Gesellschaft beteiligt ist, die die Wohnung makelt.
Solche wirtschaftlichen Verflechtungen aufzudecken, wird zwar oft schwer sein. Allerdings stellt die Rechtsprechung keine hohen Anforderungen an die Annahme einer Verwaltungseigenschaft im Sinne des § 2 Wohnungsvermittlungsgesetz. Es genügt eine verwaltende Tätigkeit geringfügiger Art, wenn diese zumindest geringe Zweifel an der Neutralität des Maklers aufkommen läßt (LG Frankfurt WM 81, 23). So ist der Begriff des Verwalters im Sinne des Gesetzes bereits dann erfüllt, wenn der Eigentümer eines Mietobjektes sich beim Abschluß des Mietvertrages durch einen Dritten vertreten läßt. Der Dritte nimmt dann Verwaltertätigkeiten im Sinne des Wohnungsvermittlungsgesetzes wahr (AG Wuppertal WM 83, 274).

23 Eine Provision kann auch nicht verlangt werden, wenn der Mietvertrag über eine Sozialwohnung abgeschlossen wird, die nach dem 20.7.48 gebaut wurde. Sollte sich herausstellen, daß eine öffentlich geförderte Sozialwohnung vermittelt wurde, ohne daß dies dem Mieter mitgeteilt wurde, kann der Mieter nach Kenntnisnahme hiervon das Vermittlungsentgelt zurückverlangen! Der Makler darf sich nach Treu und Glauben nicht auf den an sich nur einjährigen Rückforderungsanspruch berufen (LG Mannheim WM 76, 61). Dies gilt auch dann, wenn Sie z. B. ein möbliertes Zimmer innerhalb einer Sozialwohnung mieten wollen.

24 Die Höhe der Provision, die verlangt wird, ist regional unterschiedlich. In Freiburg sind es im Durchschnitt 2 Monatsmieten. Wenn der Makler ,,unangemessen" hohe Entgelte nimmt, macht er sich einer Ordnungswidrigkeit schuldig. Als unangemessen gelten aber nur solche Provisionen, die die ortsüblichen wesentlich übersteigen. Wucher, der üblich ist, ist also leider legal. Sollten Sie das Gefühl haben, daß der Makler unangemessen hohe Provisionen fordert, dann empfiehlt es sich, eine Anzeige bei der Staatsanwaltschaft zu machen. Die Anzeige kostet nichts! Verlangen Sie auch immer gleich mit der Anzeige, daß Sie im Falle einer Einstellung benachrichtigt werden.

25 Die Provision ist erst nach dem Abschluß des Mietvertrages zu zahlen. Bee-
ilen Sie sich nicht allzusehr mit der Zahlung. Vielleicht werden Ihnen ja noch
Umstände, wie eine enge wirtschaftliche Verflechtung o.a. bekannt, die Sie
berechtigen, die Zahlung zu verweigern. Manchmal wird Ihnen allerdings
nichts anderes übrigbleiben, als sofort zu zahlen. In vielen Fällen wird nämlich ein Mietvertrag nur zustandekommen, wenn gleichzeitig die Provision
auf den Tisch geblättert wird.

26 Eine ungerechtfertigte Provision können Sie innerhalb eines Jahres nach
der Zahlung zurückfordern, falls sich nichts anderes aus Treu und Glauben
ergibt (vgl. Rdnr. 23).

27 Der Makler hat Ihnen gegenüber bestimmte „Treuepflichten". Er darf Ihnen
nicht Tatsachen vorenthalten, die Sie vom Vertragsabschluß abhalten würden, wie z. B. Mängel der Wohnung. Teilt er Ihnen diese ihm bekannten Umstände nicht mit, so hat er keinen Anspruch auf Provision.

28 Unwirksam sind Vereinbarungen mit dem Makler, nach denen Sie sich verpflichten, Ware zu beziehen, also etwa Möbel zu kaufen oder sonstige Leistungen des Maklers in Anspruch zu nehmen (§ 3 Abs. 3 Wohnungsvermittlungsgesetz). Wirksam ist aber eine Vereinbarung, nach der Sie sich im Zusammenhang mit dem Maklervertrag verpflichten, Ausstattungsgegenstän-
de des bisherigen Inhabers der Wohnung zu übernehmen.
Die Bestimmungen des Wohnungsvermittlungsgesetzes, die hier genannt
wurden, sind zwingendes Recht. Wenn der Maklervertrag abweichende, also Sie benachteiligende Vereinbarungen enthält, so sind diese unwirksam.
Sie können sich also zum Schein ruhig auf solche Vereinbarungen einlassen.

29 Beim gewerbsmäßigen Makler verjährt der Anspruch auf Provision in zwei
Jahren. Zur Berechnung der Verjährung kurz ein Beispiel: der Mietvertrag
kommt am 1.4.90 zustande. Verjährungseintritt für die Provisionsforderung
ist am 31.12.92. Das laufende Jahr wird nicht mitgezählt.

III. Rechtsschutzversicherung

30 Einen weiteren Ratschlag möchten wir Ihnen gerne schon hier geben: überlegen Sie sich, ob Sie nicht eine Rechtsschutzversicherung mit Mieterschutz
abschließen wollen. Letztlich profitieren zwar auch die Versicherungsunter-
nehmen von der Notlage anderer, nämlich von der Notlage, in die der nicht
sehr Kapitalkräftige dadurch gerät, daß Gericht und Anwalt für ihn zu teuer
sind. Dennoch empfehlen wir den Abschluß einer solchen Versicherung, und
zwar aus folgenden Gründen: rechtliche Streitigkeiten gibt es auf dem Gebiet des Mietrechts sehr häufig. Ihre Rechte als Mieter durchzusetzen ist oft

schwierig. Dies liegt daran, daß die Vermieter fast immer wirtschaftlich stärker sein werden, und sich daher juristisch besser beraten lassen können als Sie. Auch können die Vermieter meist viel leichter das finanzielle Risiko eines Prozesses eingehen als Sie. Wenn Sie rechtsschutzversichert sind, brauchen Sie vor den Kosten eines gerichtlichen Verfahrens nicht zurückzuschrecken, weil diese Kosten und die Kosten für den Anwalt Ihre Versicherung trägt. Sie haben dann eine stärkere Position.

31   Eine bestimmte Rechtsschutzversicherung dürfen und wollen wir Ihnen nicht empfehlen. Beachten Sie beim Abschluß aber folgendes: Ein Vollrechtsschutz ist sehr teuer und meistens unnötig. Decken Sie nur die Risiken ab, die Sie brauchen (also z. B. in der Regel kein Arbeitsrechtsschutz beim Studenten). Sodann sollten Sie auch die Versicherungsbedingungen und -prämien vergleichen. Übrigens: Auch die Gewerkschaften gewähren ihren Mitgliedern Rechtsschutz.

Denken Sie daran, daß nach Abschluß eines Versicherungsvertrages zunächst eine dreimonatige Wartezeit läuft, während der noch kein Rechtsschutz besteht. Schließen Sie daher rechtzeitig ab.

2. Kapitel Der Vertragsabschluß

I. Allgemeines

1. Wann entsteht ein Vertrag?

32 Der Mietvertrag kann grundsätzlich entweder schriftlich oder auch mündlich abgeschlossen werden. Beide Formen sind gleichwertig. Ein mündlicher Vertrag kommt zustande, wenn die Beurkundung des Vertrages nur zu Beweiszwecken dienen soll, und Mieter und Vermieter sich über alle wesentlichen Punkte einig sind (LG Düsseldorf WM 86, 133).

Dies ist in der Regel schon dann der Fall, wenn Einigkeit darüber besteht, daß eine bestimmte Wohnung zu einem bestimmten Mietpreis angemietet werden soll.

Für die einzelnen gegenseitigen Rechte und Pflichten gelten dann ausschließlich die gesetzlichen Regeln, vgl. insbes. Rdnr. 42 ff. Der Vertrag ist aber dann noch nicht zustande gekommen, wenn der Vermieter oder Sie zu erkennen geben, daß weitere Abmachungen zu treffen sind, oder daß der Vertrag erst durch schriftlichen Abschluß in Kraft treten soll. Wenn Sie mit dem Vermieter allerdings lediglich dahin übereinkommen, daß das mündlich Vereinbarte auch noch in einem schriftlichen Vertrag abgefaßt werden soll, haben Sie den Mietvertrag bereits jetzt, also schon vor der Unterschrift, in der Tasche. Enthält der Text dann zusätzliche Belastungen, so brauchen Sie den Vertrag nicht zu unterschreiben. Sie können vielmehr verlangen, daß die Passagen wieder gestrichen werden und nur das mündlich Vereinbarte stehenbleibt.

Bestandteil des Mietvertrages, egal ob es ein mündlicher oder schriftlicher ist, wird nämlich stets nur das, was bei Vertragsabschluß genannt und von Ihnen akzeptiert worden ist. Teilt Ihnen der Vermieter also später noch Auflagen mit, z. B. daß Sie beim Auszug die Wohnung renovieren müssen, oder daß Sie bestimmte Nebenkosten zusätzlich zu tragen hätten, dann liegt darin ein Angebot für eine Vertragsänderung. Hierein brauchen Sie nicht einzuwilligen.

2. Besichtigung mit Zeugen

33 Einen Tip für die Besichtigung der Wohnung und die Gespräche mit dem Vermieter: Nehmen Sie sich einen Freund als Zeugen mit, und fertigen Sie ein Protokoll an über das, was vereinbart oder Ihnen zugesagt worden ist. Schauen Sie auch nach vorhandenen Mängeln in der Wohnung und weisen Sie den Vermieter darauf hin. Nehmen Sie solche in das Protokoll auf. So haben Sie im Falle einer späteren Auseinandersetzung mit dem Vermieter,

etwa darüber, wer die Kosten für notwendige Reparaturen tragen soll, eine günstige Beweissituation. Legen Sie auch sofort einen Ordner an, in dem Sie alle Unterlagen zu dem Mietverhältnis abheften. Wichtige Dokumente gehen sonst leicht verloren.

3. Kündigungsschutzeinschränkungen

34   Wenn Sie eine Wohnung in einem Zweifamilienhaus mieten wollen, in dem der Vermieter selbst wohnt, oder wenn Sie ein Zimmer in der Wohnung des Vermieters mieten wollen, so bedenken Sie, daß der Vermieter diese Mietverhältnisse später leichter kündigen kann als bei anderem Wohnraum (siehe Rdnr. 186).

35   Noch ungünstiger ist Ihr Kündigungsschutz bei möbliertem Wohnraum, wenn er Teil der vom Vermieter selbst bewohnten Wohnung ist (dazu Rdnr. 185).

4. Befristet — unbefristet

36   Der Vertrag kann unbefristet oder für eine bestimmte Zeit abgeschlossen werden. Häufig werden Sie später ein Interesse daran haben, den befristeten Mietvertrag zu verlängern. Versuchen Sie daher, den Vermieter zur Vereinbarung eines Optionsrechts zu überreden. Dies ist ein Recht des Mieters, durch einseitige Erklärung eine Verlängerung des Mietvertrages herbeizuführen.

37   Sie können mit dem Vermieter aber auch vereinbaren, daß nach Ablauf der vereinbarten Mietzeit das Mietverhältnis auf eine bestimmte oder unbestimmte Zeit fortgesetzt wird, wenn weder er noch Sie vorher einer Verlängerung widersprechen. Eine solche Vereinbarung nennt man Verlängerungsklausel. Auch wenn der Vermieter später der Verlängerung widerspricht, oder wenn Sie keine Verlängerungsklausel haben, können Sie eventuell Verlängerung des Mietverhältnisses verlangen. Lesen Sie dazu Rdnr. 165, 166.

38   Ein befristetes Mietverhältnis, also ein Mietverhältnis, das für einen bestimmten Zeitraum abgeschlossen ist, kann der Vermieter nur „außerordentlich", also nicht ohne wichtigen Grund (dazu Rdnr. 215 ff.) kündigen. Allerdings ist auch Ihr Kündigungsrecht entsprechend eingeschränkt. Im Hinblick auf Mieterhöhungen stehen Sie sich beim befristeten Mietverhältnis günstiger (dazu Rdnr. 100, 101).

5. Schriftformerfordernis

39   Ein Mietverhältnis für längere Zeit als ein Jahr muß schriftlich abgeschlossen werden. Dies gilt auch für einen Untermietvertrag (BGH WM 81, 261). Wenn ein solcher Mietvertrag nur mündlich abgeschlossen wird, ist er allerdings nicht unwirksam. Er gilt dann lediglich als für unbestimmte Zeit ge-

schlossen. Gekündigt werden kann der Vertrag aber nicht früher als bis zum Schluß des ersten Jahres.

Hierzu ein Beispiel:

Ein Mietvertrag wird mit dreijähriger Dauer ab 1.1.89 geschlossen. Eine vom Mieter und Vermieter unterzeichnete Vertragsurkunde wird aber nicht aufgenommen. Der Vermieter und der Mieter können dann am 2.1.90 mit der gesetzlichen Kündigungsfrist von 3 Monaten zum 31.3.90 kündigen, der Vermieter allerdings nur unter den zu Rdnr. 182 ff. dargestellten weiteren Voraussetzungen. Etwas anderes gilt, wenn der Vermieter, obwohl er das Gegenteil wußte oder wisen mußte, Ihnen erklärt, trotz der dreijährigen Laufzeit sei ein schriftlicher Vertrag überflüssig. In diesem Fall kann er vor Ablauf der drei Jahre nicht kündigen.

40   Beim schriftlichen Abschluß müssen alle wesentlichen Punkte im Vertragstext enthalten sein. Nur über unwesentliche Punkte sind auch mündliche Abreden und spätere Änderungen gültig. Solche unwesentlichen Punkte sind z. B.: Verlängerung des Mietverhältnisses auf verhältnismäßig kurze Zeit, Erteilung der Untermieterlaubnis oder geringfügige Mieterhöhung. Wenn aber die Miete z. B. um mehr als 20 % erhöht wird, so ist diese Änderung nur dann Vertragsinhalt, wenn

— entweder der ganze Vertrag neu abgefaßt und unterschrieben wird,

— die Zusatzurkunde die wesentlichen Teile des Mietvertrages enthält,

— oder die Zusatzurkunde fest mit dem ursprünglichen Vertragstext verbunden ist.

Ist dies nicht der Fall, so bleibt Vertragsinhalt das, was früher vereinbart worden ist. Die höhere Miete brauchen Sie dann zunächst nicht zu zahlen.

6. Schriftform und Mustervertrag

41   Der mündliche Vertragsabschluß ist insofern von Nachteil, als der Inhalt der Abreden bei längerer Vertragsdauer in Vergessenheit geraten kann (deshalb Protokoll anfertigen!). Durch den schriftlichen Vertrag lassen sich die getroffenen Vereinbarungen zuverlässiger beweisen (deshalb beim mündlichen Vertrag — meist schon bei der ersten Kontaktaufnahme — Zeugen mitnehmen!).

42   Am besten ist es, wenn Sie nach dem Muster im Anhang abschließen können. Ansonsten wird es meist günstiger sein, mündlich abzuschließen. Zum schriftlichen Abschluß werden nämlich von den Vermietern in der Regel Formulare der Haus- und Grundbesitzervereine vorgelegt, die eine ganze Anzahl ungünstiger Bestimmungen für Sie enthalten. Gesetzliche Regelungen, die den Mieter schützen sollen, werden häufig abbedungen. Wird der Vertrag aber mündlich geschlossen, so richtet er sich nach den im Verhältnis

zu den Vermieter-Formularverträgen mieterfreundlichen gesetzlichen Bestimmungen. Wenn Sie allerdings daran interessiert sind, daß der Mietvertrag für eine bestimmte, über ein Jahr hinausgehende Zeit, also etwa für vier Jahre, läuft, dann müssen Sie zusehen, daß Sie etwas Geschriebenes in die Hand bekommen. Setzen Sie dann am besten folgenden kurzen Vertrag auf und lassen diesen vom Vermieter unterschreiben (und unterschreiben ihn selbst):

Mietvertrag

1. Herr Hans-Jürgen Meier mietet von Herrn Kurt Müller die 65 qm große Zweizimmerwohnung Nr. 5 im 1. Stock des Hauses Lindenallee 10. Der Mietzins beträgt 480 DM. Für die Ölzentralheizung werden monatlich 40 DM erhoben.

2. Das Mietverhältnis läuft bis zum 1. Juli 1990 und kann daraufhin durch Erklärung des Mieters auf unbestimmte Zeit (oder: für 2 weitere Jahre) fortgesetzt werden. (Oder ... und wird daraufhin auf unbestimmte Zeit fortgesetzt, sofern keine Partei der Fortsetzung widerspricht.) (Verlängerungsklausel)

3. Der Vertrag wird vorzeitig aufgehoben, wenn der Mieter einen zumutbaren Nachmieter stellt. (Nachfolgeklausel)

4. Für das Vertragsverhältnis gelten im übrigen die gesetzlichen Bestimmungen.

gez. (Vermieter)

gez. (Mieter)

II. Formularverträge und ungültige Klauseln

43   Mietverträge werden häufig nicht mündlich, sondern schriftlich geschlossen. Dann werden oft Formulare verwendet, die zumeist vom Vermieter zur Unterschrift dem Mieter vorgelegt werden. Die Formularverträge sind nicht nur bloß Vertragsmuster, sie unterliegen dem Gesetz zur Regelung des Rechts der allgemeinen Geschäftsbedingungen (AGB-Gesetz). Dies gilt für alle Verträge, die nach dem 31.3.1977 abgeschlossen wurden.

Die Anwendbarkeit des AGB-Gesetzes bietet für die Mieter mannigfache Vorteile. Deshalb versuchen Vermieter immer wieder, dieses Gesetz zu unterlaufen. Dies kann entweder durch das Formular selbst geschehen, indem dort etwa die Anwendbarkeit dieses Gesetzes ausgeschlossen oder behauptet wird, alles, was da gedruckt steht, sei zwischen dem Mieter und Vermieter individuell ausgehandelt und finde beiderseitige, ungeteilte Zustimmung. So kann das Gesetz natürlich nicht umgangen werden. Derartige Klauseln sind rechtlich ohne jede Bedeutung. Nicht zu beachten wären aber auch handschriftliche Zusätze, die den Anschein erwecken sollen, als sei das Formular nicht als solches verwendet worden, vielmehr sei jede formularmäßig getroffene Regelung besprochen und Ergebnis von mündlichen Verhandlungen. Nur dort, wo wirklich, d.h. in aller Regel in Ergänzung, Präzisierung oder Abänderung des Formulars etwas individuell ausgehandelt und dann auch handschriftlich in das Formular eingefügt wird, gilt das Ausgehandelte und nicht das, was im Formular steht, selbst dann, wenn im Formular angegeben ist, daß nur das gelte, was schriftlich vereinbart sei.

Urkunden (Hausordnung, Teilungserklärung bei den vermieteten Eigentumswohnungen u.a.), die im Formularvertrag in Bezug genommen sind, müssen bei der Unterzeichnung des Formulars beigefügt sein. Eine bloße Bezugnahme auf ein umfangreiches Paragraphenwerk (z. B. II. Berechnungsverordnung) genügt dazu nicht (LG Darmstadt WM 81, 39).

Überraschende Klauseln gelten nicht (§ 3 AGB-Gesetz). Dabei kommt es nicht auf die Unrichtigkeit, sondern den Überraschungseffekt aus der Sicht des Mieters an. Dieser Effekt beurteilt sich im wesentlichen nach dem äußeren Erscheinungsbild. Überraschend sind u.a. die Begründung von Hauptpflichten in der Hausordnung, unwiderrufliche Abtretung des Arbeitseinkommens, Koppelungsgeschäfte, Räumungsermächtigung im Todesfall des Mieters.

1. Der Mustervertrag des Bundesjustizministeriums

Anfang 1976 stellte das Bundesjustizministerium einen ,,Mustermietvertrag 76" vor, der öfter als Formularvertrag verwendet wird. Der Entwurf enthält eine sehr umfangreiche Regelung fast aller in Frage kommenden Einzelheiten. Der Wortlaut ist in ZMR 76, 68 ff. abgedruckt; die Broschüre kann aber auch beim Bundesjustizministerium, 5300 Bonn, angefordert werden.

Der Mustervertrag wurde vom Zentralverband der deutschen Haus-, Wohnungs- und Grundeigentümer rundweg abgelehnt, da er die Vertragsfreiheit weiter zu Ungunsten der Vermieter beschneide. Diese Tatsache spricht natürlich unbedingt für den Entwurf, läßt aber gleichzeitig befürchten, daß er von informierten Vermietern kaum akzeptiert werden wird.

Der Vertrag ist prinzipiell zu empfehlen. Er ist jedoch, da er alle Eventualitäten und Alternativmöglichkeiten zu berücksichtigen versucht, etwas kompliziert geraten. Er enthält auch einige unnötige vermieterfreundliche Regelungen. Vor allem ist in einigen Fällen, wenn Alternativvorschläge gemacht werden, nicht hinreichend auf die rechtlichen Konsequenzen der einen oder anderen Möglichkeit hingewiesen, was in einem für juristische Laien gedachten Vertragsvorschlag notwendig gewesen wäre.

2. Formularverträge der Vermieterverbände

44   Wesentlich häufiger als mit dem eben beschriebenen Mustervertrag werden
        Sie mit den von den Haus- und Grundbesitzerverbänden ausgearbeiteten
        Formularverträgen konfrontiert werden. Diese sind naturgemäß völlig einseitig
        zugunsten der Vermieter abgefaßt. Die heilige Kuh der „Vertragsfreiheit" wird
        dort, wie so oft in unserem Rechtssystem, zur Knebelung des wirtschaftlich
        Schwächeren mißbraucht; denn wenn Sie eine ganz bestimmte Wohnung
        unbedingt nehmen wollen (oder müssen, weil keine andere passende zu fin-
        den ist), so müssen Sie wohl oder übel das vom Vermieter vorgelegte For-
        mular akzeptieren.

        Lesen Sie in einem solchen Fall den Text genau durch, und informieren Sie
        sich, falls Sie eine Klausel nicht ganz verstehen, über deren rechtliche Be-
        deutung! Versuchen Sie auch, vom Vermieter die Abänderung oder Strei-
        chung ungünstiger Klauseln zu erwirken.

45   Im folgenden besprechen wir einige typische Klauseln, die in solchen For-
        mularverträgen (und natürlich auch in vom Vermieter „handgeschnitzten"
        Verträgen) immer wieder auftreten. Diese Klauseln sind oft entweder von Ge-
        setzes wegen, oder aber aufgrund einheitlicher Rechtsprechung unzuläs-
        sig, so daß Sie sie gefahrlos unterschreiben können (um sich hinterher nicht
        daran zu halten).

a. gesetzlich verbotene Klauseln

46   Vertragsklauseln, die gegen „zwingendes Recht" verstoßen, haben keine
        rechtliche Wirkung. Wenn sie dennoch immer wieder aufgenommen wer-
        den, so zur Einschüchterung des Mieters und in der Hoffnung auf seine
        Rechtsunkenntnis. Die angemessene Reaktion des Mieters sollte sein: un-
        terschreiben, und dann gegebenenfalls (d.h. wenn der Vermieter gegen ei-
        nen angeblichen Vertragsbruch protestiert) auf die Ungültigkeit der Klausel
        hinweisen.

47   Welche Klauseln nun gegen zwingendes Gesetzesrecht verstoßen, also un-
        wirksam sind, wollen wir schon hier aufzeigen, damit Sie beim Durchlesen
        des Formulars wissen, was Sie erwartet und was nicht. Im Zusammenhang
        haben wir die Rechtslage jeweils dort dargestellt, wo die einzelnen Themen
        behandelt sind. Schauen Sie bitte auch dort nach, wenn hier wegen der ge-
        botenen Kürze etwas unklar bleibt.

        — Das Recht, sich gegen eine ungerechtfertigte Vermieterkündigung zu weh-
        ren, und das Widerspruchsrecht nach der Sozialklausel (dazu Rdnr. 196-202)
        können nie zuungunsten des Mieters abgeändert werden.

        — Eine Vereinbarung, nach der der Vermieter auch aus anderen als den
        im Gesetz genannten Gründen fristlos kündigen kann, ist unwirksam. Un-

wirksam ist nach der Rechtsprechung auch eine Vereinbarung, nach der eine nur geringfügige Vertragsverletzung zur außerordentlichen Kündigung rechtfertigen soll.

— Nach dem Tod des Mieters kann die Ehefrau, oder der Ehemann oder ein in der Wohnung lebendes Familienmitglied in das Mietverhältnis eintreten. Dieses Recht kann nicht abbedungen werden, ebensowenig wie das Recht, die Fortsetzung des Mietverhältnisses abzulehnen.

48 Nicht abgeändert werden können auch folgende Vorschriften:

— Die im Gesetz über die Miethöhe enthaltene Einschränkung des Vermieters bei Mieterhöhungen.

— Das Verbot einer Vertragsstrafe.

— Das Recht des Mieters, beim unbefristeten Mietverhältnis zu jedem Monatsletzten unter Einhaltung der Kündigungsfrist zu kündigen. Das hat insofern Bedeutung, als oftmals eine Bestimmung aufgenommen wird, wonach die Kündigung immer nur zu einem Quartalsende möglich sein soll.

— Das Recht des Mieters auf Mietminderung (z.B. wenn die Heizung nicht funktioniert, siehe unter Rdnr. 83).

— Das Recht des Mieters auf Rückzahlung eines über den Beendigungszeitpunkt hinaus bezahlten Mietzins.

— Das Recht des Mieters, gegen die Mietzinsforderung mit einer ihm zustehenden Ersatzforderung wegen Mängel der Mietsache aufzurechnen. Wenn Sie also Auslagen für Reparaturen, die der Vermieter hätte vornehmen müssen (siehe Rdnr. 80 ff.) hatten, so können Sie diese Auslagen immer mit der Miete verrechnen. Wie hierbei im einzelnen zu verfahren ist, lesen Sie unter Rdnr. 83.

Wenn es nicht um Reparaturforderungen geht, ist ein vereinbartes Aufrechnungsverbot aber wirksam.

b. gerichtlich mißbilligte Klauseln

49 Daneben gibt es eine Anzahl von Klauseln, die von den Gerichten als nichtig angesehen werden. Für sie gilt das gleiche wie für die gesetzwidrigen Klauseln, mit einer kleinen Einschränkung allerdings: ein einzelnes Gericht könnte eventuell einmal anders entscheiden.

Zu den von den Gerichten mißbilligten Klauseln gehören die **Verbote**:

— Damen- bzw. Herrenbesuche zu empfangen (auch über Nacht) und auch für längere Zeit (bis etwa 6 Wochen) Besuch in der Wohnung aufzunehmen, auch wenn der Vermieter dafür einen niedrigeren Mietpreis verlangt (AG Tübingen WM 79, 77). Ein solches Verbot stellt eine Einschränkung des vertragsmäßigen Gebrauchs der Wohnung, sowie einen Verstoß gegen

Art.2 GG (freie Entfaltung der Persönlichkeit) dar (LG Duisburg, WM 75, 96 und AG Köln, WM 75, 191).

— einen Telefonanschluß anzulegen. (Die dazu erforderliche Einwilligungserklärung **muß** Ihnen der Vermieter erteilen).

— eine Außenantenne anzubringen, es sei denn, daß eine Gemeinschaftsantenne vorhanden ist (jedoch nicht eine CB-Dachfunkantenne, BayObLG WM 81, 80).

— Installationen vorzunehmen (z.B. einen Boiler anzubringen), soweit Sie dazu nicht die Mauern aufstemmen oder sonstige schwerwiegende Eingriffe vornehmen müssen.

50   Als unwirksam sehen es die Gerichte meist auch an, wenn im Vertrag dem Mieter die Behebung sämtlicher Mängel und Schäden, ohne Rücksicht auf Ursache und Verschulden, aufgebürdet wird; hierzu gehören sog. Verstopfungsklauseln, wonach auch ohne Verschuldungsnachweis der Mieter für einen Rohrverstopfungsschaden haften soll (nach einem Rechtsentscheid des OLG Hamm WM 82, 201 ist eine solche Klausel nichtig). Zumindest bei schweren Schäden (soweit Sie sie nicht selbst verschuldet haben) können Sie also vom Vermieter Beseitigung verlangen.

— Oft ist schon im Mietverhältnis eine Erklärung des Mieters darüber enthalten, daß man die Wohnung in ordnungsgemäßem Zustand vorgefunden haben. In der Klausel ,,**übernommen wie besehen**'' liegt auch eine solche Erklärung. Damit wird die Haftung des Vermieters für zur Zeit vorhandene Schäden oder Mängel an der Wohnung ausgeschlossen, da diese als erkannt gelten. Schäden, die der Mieter bei Vertragsabschluß kennt und nicht rügt, braucht der Vermieter nämlich nicht auf seine Kosten reparieren zu lassen. Wenn die eben genannte Klausel im Vertrag steht, wird hierdurch der Vermieter aber **nur von der Haftung für diejenigen Mängel** befreit, die er bei der Besichtigung ohne weiteres erkennen konnte.

51   — Enthält der Vertrag eine Klausel, wonach die Haftung des Vermieters für die rechtzeitige Freimachung der Wohnung ausgeschlossen wird, so haftet der Vermieter dennoch auf Schadensersatz, wenn ihn ein Verschulden daran trifft, daß die Wohnung nicht rechtzeitig geräumt wird. Die Klausel läßt ihren Anspruch auf Schadensersatz nur dann entfallen, wenn der Vermieter nichts dazu kann, daß der Vormieter nicht auszieht, etwa, weil dieser vom Gericht eine Räumungsfrist erhalten hat.

52   Auch folgende Pflichten kann Ihnen der Vermieter nicht auferlegen:

— die Pflicht, jeden durch höhere Gewalt entstehenden Schaden zu beheben, es sei denn, es handelt sich um Bagatellschäden (vgl. dazu Rdnr. 81 und 89).

— die Pflicht, bei vorzeitiger Lösung des Mietverhältnisses den Mietausfall auch dann zu tragen, wenn der Vermieter die Räume anderweitig vermietet oder sie einem Dritten unentgeltlich überlassen hat.

— die Pflicht, bei vorzeitiger Beendigung des Mietverhältnisses auf die geleistete Kaution zu verzichten (LG Mannheim WM 77, 79) oder eine Pauschalabgeltung zu zahlen (AG Hamburg WM 79, 190).

— eine so umfangreiche Instandsetzungspflicht, daß Sie beim Auszug die Wohnung letztlich in Neubauzustand versetzen sollen, in der Sie sie, da Sie nicht Erstmieter waren, nicht einmal übernommen haben. Hier ist aber Vorsicht geboten, da die Gerichte in diesem Punkt nicht ganz einheitlich entscheiden.

— die Pflicht, bei Auszug eine Renovierung bis zu 600 DM vorzunehmen, unabhängig vom Grad der Abwohnung und Verschmutzung der Wohnung (AG Darmstadt WM 78, 29) bzw. ohne die Möglichkeit nachzuweisen, daß die Wohnung gar nicht renovierungsbedürftig ist (LG Frankfurt WM 79, 151).

c. Folgen unzulässiger Klauseln

53 Solche unzulässigen Klauseln sind, wie bereits angedeutet, rechtsunwirksam. Das heißt zum Beispiel bei Verboten (Rauchverbot, Besuchsverbot), daß Sie ihnen gefahrlos zuwiderhandeln können. Der Vermieter kann Ihnen dann keinesfalls etwa wegen Vertragsverletzung fristlos kündigen. Versucht er das doch, so schreiben Sie ungefähr folgenden Brief:

Sehr geehrter Herr X.
Ihre fristlose Kündigung vom ... habe ich erhalten. Ich halte sie für wirkungslos. Es trifft zwar zu, daß in letzter Zeit — entgegen § ... des Mietvertrages — häufig meine Freundin bei mir übernachtet hat. Diese Vertragsklausel ist jedoch nach herrschender Rechtsprechung nichtig, da sie eine Einschränkung des vertragsmäßigen Gebrauchs der Mietsache, sowie einen Verstoß gegen Art. 2 GG darstellt. Ihre Ansicht, daß Sie derartiges ,,unzüchtiges Treiben'' in Ihrem ,,anständigen Haus'' nicht zu dulden brauchen, ist rechtsirrig.
Ihre Kündigung ist daher gegenstandslos. Sollten Sie anderer Ansicht sein, so sehe ich einer Klage mit Ruhe entgegen.

54 Eine gewisse Vorsicht ist bei Wohnraum geboten, der nicht dem gesetzlichen Kündigungsschutz unterliegt (siehe Rdnr. 183-187). Dort kann nämlich prinzipiell immer (unter Einhaltung der gesetzlichen Frist) ohne Angabe von Gründen gekündigt werden. Zwar geht auch das nicht, wenn der Grund für die Kündigung rechtsmißbräuchlich ist (was im obigen Fall gegeben wäre);

aber der Nachweis dieser unzulässigen Gründe obliegt dann Ihnen als Mieter. Er wird immer dann schwierig sein, wenn die Gründe für die Kündigung sich nicht ausdrücklich aus dem Kündigungsschreiben oder aus mündlichen Äußerungen des Vermieters ergeben.

55   Im übrigen ist zu den Rechtsfolgen unzulässiger Vertragsklauseln folgendes zu sagen:

In der Regel gilt, wenn eine oder mehrere Vertragsklauseln nichtig sind, der übrige Vertragsinhalt dennoch.

Wenn das Formular eine Vielzahl von unwirksamen Klauseln enthält, ist aber unter Umständen der ganze Vertrag nichtig. Nichtig ist der Vertrag auch dann, wenn der Text unübersichtlich in winzigen Lettern mit engem Zeilenabstand geschrieben ist, so daß Sie sich als Mieter vor der Unterschrift einen Überblick über die Tragweite der Bedingungen nicht verschaffen konnten.

Folge der Nichtigkeit ist, daß der Mietvertrag zum vereinbarten Preis auf die vereinbarte Mindestzeit fortbesteht, sich im übrigen aber nach den gesetzlichen Vorschriften richtet.

d. unklare Klauseln

56   Alle Unklarheiten eines Formularvertrages gehen zu Lasten des Verwenders. Dies ist in aller Regel der Vermieter, da er das Formular stellt. Dies gilt auch dann, wenn der Mieter losgeschickt wird, um das Formular zu besorgen. Ausfüllungsbedürftige, aber nicht ausgefüllte Klauseln gelten als nicht geschrieben.

Hierzu ein Beispiel: Das vom Vermieter eingebrachte Formular enthält die Bestimmung: ,,Nebenausgaben, nämlich Kosten für Heizung, Warmwasser, Strom für Waschmaschine, Flurbeleuchtung werden anteilig umgelegt — sind neben dem Mietzins besonders zu zahlen — DM 60,- pro Monat.''

Nach dieser Klausel ist unklar, ob der Betrag als Festbetrag oder als Vorauszahlung gemeint war. Die Folge ist, daß der Vermieter nach Abschluß der Heizperiode keinen zusätzlichen Differenzbetrag mehr verlangen kann (vgl. auch Rdnr. 119/120).

e. Vollständigkeit

57   Enthält der Formularvertrag eine sog. Vollständigkeitsklausel, so begründet dies nur eine Vermutung dafür, daß Sie keine weiteren mündlichen Nebenabreden getroffen haben. Sie können diese Vermutung durch andere Beweismittel (z. B. durch einen Zeugen) widerlegen (LG Mannheim WM 77, 93).

3. Hausordnung

58   Die Hausordnung wird grundsätzlich nur durch Vereinbarung zum Vertragsbestandteil, nicht jedoch dadurch, daß sie der Vermieter im Hausflur oder

an anderer Stelle aushängt. Dies kann durch Bezugnahme im Mietvertrag geschehen, wenn sie dem Mieter bei Abschluß des Vertrages zur Kenntnis gebracht wird oder wenn er von ihr in zumutbarer Weise Kenntnis nehmen kann. Aufgabe einer Hausordnung ist, das reibungslose Zusammenleben mehrerer Mieter in einer Hausgemeinschaft zu regeln und so ein friedliches Zusammenleben zu gewährleisten. Die Hausordnung kann daher nur solche Bestimmungen beinhalten, die von der Natur der Sache her eine Selbstverständlichkeit und nach dem Mietvertrag ohnehin zu respektieren sind (LG Frankfurt WM 88, 120).

Hierzu gehört z. B. die Regelung über die Reinigung der gemeinschaftlich genutzten Räume. Zusätzliche Verpflichtungen oder Beschränkungen darf die Hausordnung jedoch nicht enthalten. Die Übernahme der Treppenhausreinigung und der Schneebeseitigung kann dem Mieter nicht einseitig auferlegt werden. Die Übertragung solcher Verpflichtungen auf den Mieter kann nur einverständlich im Mietvertrag vorgenommen werden (LG Frankfurt a.a.O.).

III. Nachfolgeklausel, Schönheitsreparaturen, etc.

1. Nachfolgeklausel

59   Für den Fall, daß Sie später einmal plötzlich umziehen müssen oder wollen, könnten Sie bei einem befristeten Vertrag Schwierigkeiten mit dem Vermieter bekommen. Aber auch beim unbefristeten können Ihnen eventuell die Kündigungsfristen (dazu Rdnr. 161) zu lang sein. Sie sollten daher versuchen zu erreichen, daß der Vertrag eine Nachfolgeklausel erhält. Eine solche Klausel lautet etwa so: ,,Der Vertrag wird vorzeitig aufgehoben, wenn der Mieter einen zumutbaren Nachmieter stellt." (vgl. hierzu auch Rdnr. 167f.).

2. Schönheitsreparaturen etc.

60   Die Pflicht des Vermieters, für die Instandsetzung, Instandhaltung und für Schönheitsreparaturen aufzukommen, wird vertraglich sehr oft auf den Mieter abgewälzt. Derartige Vertragsklauseln werden fast unbeschränkt als zulässig angesehen. (Ausnahme vgl. Rdnr. 90 und 50). Das OLG Karlsruhe hat es als zulässig angesehen, den Mieter in einem Formularmietvertrag zu verpflichten, die Schönheitsreparaturen regelmäßig auf seine Kosten vorzunehmen (WM 81, 195). Allerdings ist eine Bestimmung im Formularvertag, der Mieter sei unbeschadet einer während der Mietzeit durchgeführten Renovierung verpflichtet, die Räume rechtzeitig vor seinem Auszug renovieren zu lassen, unwirksam (OLG Frankfurt ZMR 82, 15).

Durch die Übernahme von Schönheitsreparaturen können sich für Sie erhebliche finanzielle Belastungen ergeben. Prüfen Sie deshalb Ihren Mietvertrag unbedingt daraufhin, wieweit Sie die Arbeiten oder die Kosten dafür nach dem Vertrag übernehmen müssen.

Die Klauseln „Schönheitsreparaturen trägt der Mieter" oder „die Wohnung ist bezugsfertig zurückzugeben" sind noch relativ harmlos. Welche Verpflichtungen Sie damit übernehmen, lesen Sie bitte unter Rdnr. 86 ff., 222.

61   Achten Sie besonders darauf, was **für den Fall des Auszugs** vereinbart wird. Sind die Räume beim Bezug in schlechtem, verwohntem Zustand, so lassen Sie sich nicht auf eine Klausel ein, wonach Sie sie beim Auszug „erneuert", „renoviert" o.ä. zurückzugeben hätten, oder aber dringen Sie darauf, daß der Vermieter noch vor Ihrem Einzug eine Renovierung durchführen läßt. Andernfalls schenken Sie dem Vermieter eine Renovierung; denn wenn diese Klausel vereinbart ist, müssen Sie die Wohnung beim Auszug in jedem Fall erneuern.

Sollten Sie laut Vertrag die Wohnung zurückgeben „wie übernommen", so lassen Sie auch in den Vertrag aufnehmen, in welchem Zustand (neu renoviert — bereits einige Zeit vom Vorgänger bewohnt — völlig verwohnt) Sie die Räume übernommen haben. Sie vermeiden damit Streitigkeiten beim Auszug über den Umfang Ihrer Erneuerungspflicht.

IV. Mehrere Mieter

1. Ehepaare

62   Wenn Sie mit Ihrem Ehepartner eine Wohnung beziehen wollen, so können entweder beide oder nur einer den Vertrag abschließen, beim schriftlichen Vertrag also diesen unterschreiben. Wenn beide unterschreiben, dann haften auch beide für die Erfüllung der Mieterpflichten, also insbesondere für die Zahlung des Mietzinses. Andererseits kann in diesem Falle der Vermieter auch eine Kündigung nur beiden gegenüber erklären. Wenn ihm hierbei ein Fehler unterläuft, ist die Kündigung unwirksam. Wird mit Eheleuten ein mündlicher Mietvertrag abgeschlossen, so sind in der Regel beide Ehegatten Vertragspartner. Das gleiche gilt, wenn zwar nur ein Ehepartner den Mietvertrag unterschrieben hat, der andere Ehepartner im Mietvertrag aber ausdrücklich als Vertragspartei bezeichnet ist und davon auszugehen ist, daß der unterzeichnende Ehepartner bevollmächtigt war, seinen Ehegatten insoweit zu vertreten (AG Eschweiler WM 83, 30). Der Vermieter muß ggf. beweisen, daß nur ein Ehegatte allein Mieter ist (AG Hamburg-Altona, WM 81, U 19).

Bei **Trennung oder Scheidung** sollte man zunächst versuchen, mit dem Vermieter eine Vereinbarung dahingehend abzuschließen, daß das Mietverhältnis mit dem verbleibenden Ehegatten allein fortgesetzt wird. Läßt sich der Vermieter hierauf nicht ein, so bleibt nichts anderes übrig, als mit dem ausziehenden Partner eine Freistellungsvereinbarung der bei Rdnr. 64 beschriebenen Art zu treffen. Denn der Auszug befreit den Wegziehenden nicht von der Haftung für den Mietzins etc., sofern er den Mietvertrag (mit)unterschrieben hat.

Auf eine solche Vereinbarung haben Sie gegenüber der in der Wohnung verbleibenden Mietpartei einen durchsetzbaren Anspruch (LG Kassel WM 77, 225).

Bei Scheidung besteht die zusätzliche Möglichkeit, daß — für die Dauer des Prozesses — das Scheidungsgericht die Benutzung der Ehewohnung regelt. Nach rechtskräftiger Scheidung kann das Amtsgericht, Abt. für freiw. Ger., anordnen, daß der Mietvertrag mit einem Ehegatten alleine fortzusetzen ist, auch gegen den Willen des Vermieters. Dabei kommt es nicht darauf an, wer den Mietvertrag unterschrieben hat.

2. Unverheiratete Paare

63   Die Tatsache, daß immer mehr Menschen ohne Eheschließung zusammen leben, hat sich in den letzten Jahren stark auf die Rechtsprechung im Mietrecht ausgewirkt. Wenn sich der Mieter nach Vertragsabschluß entschließt, seinen Partner in die Wohnung aufzunehmen, um mit ihm in einer „eheähnlichen Gemeinschaft" zu leben, so ist er hierzu grundsätzlich berechtigt (BGH WM 85, 7). Er muß allerdings darlegen, auf welchen konkreten Umständen seine Motive beruhen, die weitere Person in die gemietete Wohnung mitaufzunehmen. Da der Wunsch des Mieters nach Aufnahme einer dritten Person, so der BGH, wegen eines engen zeitlichen Zusammenhangs mit dem Abschluß des Mietvertrages den Verdacht nahelegen kann, daß der Mieter den Vermieter über seine bereits von Anfang an bestehenden Pläne getäuscht hat, muß der Mieter die Veränderung seiner persönlichen Situation im Vergleich zu derjenigen dartun, die bei Abschluß des Vertrages vorgelegen hat. Dazu könne es notwendig sein, die Beziehungen zu den aufzunehmenden Personen und seine Vorstellung über die Art und Weise der Lebensführung in der Gemeinschaft zu erläutern. Die Grenze für die Aufnahme einer weiteren oder mehrerer Personen liegt da, wo eine Überbelegung der Wohnung die Folge wäre.

3. Wohngemeinschaften
a. Das Verhältnis zum Vermieter

64   Wohngemeinschaften sind heute leider immer noch trotz einiger erfreulich
wohngemeinschaftsfreundlicher Urteile aus der jüngsten Zeit (vgl. Rdnr. 66)
in tatsächlicher und auch rechtlicher Hinsicht benachteiligt. Wer eine Wohngemeinschaft gründen will, muß daher sein ganz besonderes Augenmerk
auf die möglichen rechtlichen Regelungen und deren Folgen richten.

Der Vermieter, der an eine Wohngemeinschaft vermietet, wird den Mietvertrag oft mit allen Mitgliedern abschließen wollen. Denn wenn alle Hauptmieter sind, hat das für ihn den Vorteil, daß ihm alle für die Zahlung der Miete
haften, er also von jedem eine ganze Miete verlangen kann (insgesamt natürlich nur einmal).

Gegenüber der Alternative, daß nur einer Hauptmieter ist und die anderen
Untermieter sind, hat dieser gemeinsame Vertragsabschluß aber auch Vorteile. Der Vermieter kann auch einem einzelnen Mitglied der Wohngemeinschaft nicht kündigen. Der Vertrag müßte vielmehr von allen gekündigt werden, was aber dann auch zur Folge hat, daß er für alle endet. Da insbesondere bei großen Wohngemeinschaften nicht davon ausgegangen werden
kann, daß alle ewig zusammen bleiben, muß bei dieser Alternative Vorkeh-
rung für den Fall getroffen werden, daß ein Mitglied aus der Wohngemeinschaft hinausgeht und die übrigen wohnen bleiben wollen.

Die Person kann natürlich heimlich, still und leise ausziehen und den Vermieter nichts davon wissen lassen (also sich nicht beim Einwohnermelde-
amt abmelden etc., siehe Rdnr. 66). Allerdings besteht für den Ausgeschie-
denen dann die Gefahr, daß er vom Vermieter weiterhin für Mietzahlung oder
Kosten für Reparaturen etc. in Anspruch genommen wird. Daher sollten Aus-
scheidende einerseits und die Verbleibenden andererseits intern eine **Freistellungsvereinbarung** etwa mit folgendem Wortlaut abschließen:

> „Hans Meier scheidet zum 1.9.1990 aus der Wohngemeinschaft Hauptstr.
> 10, 7800 Freiburg, aus. Die verbleibenden Mitglieder der Wohngemein-
> schaft (Namen aufzählen) verpflichten sich, ihn von allen mietvertragli-
> chen Forderungen des Vermieters freizustellen, die nach dem genann-
> ten Zeitpunkt entstehen und an ihn gerichtet werden."

Wenn irgend möglich, sollte man aber versuchen, mit dem Vermieter von
vornherein zu einer mietvertraglichen Regelung über das Ausscheiden einzelner Wohngemeinschaftsmitglieder zu kommen. Am besten sollte das in
der Weise geschehen, daß der Wegziehende durch einfache Erklärung gegenüber dem Vermieter von seinen Verpflichtungen freikommt. Diese Klausel könnte etwa so lauten:

„Beim Auszug eines Mieters wird der Vermieter hiervon unterrichtet. Die Rechte und Pflichten des Ausscheidenden aus dem Mietverhältnis enden dann im Zeitpunkt seines Auszuges."

Damit klargestellt ist, daß die Übrigen wohnen bleiben wollen, sollte zusätzlich folgendes aufgenommen werden:

„Das Mietverhältnis wird dann mit den übrigen Mitgliedern zu den gleichen Bedingungen fortgesetzt."

„Gleiche Bedingungen" heißt selbstverständlich auch gleiche Gesamtmiete, d. h. der bisher vom Wegziehenden bezahlte Betrag muß dann auf die Verbleibenden umgelegt werden.

Noch besser ist es daher, wenn für den Ausscheidenden ohne weiteres jemand anderes aufgenommen werden darf. Daher empfiehlt sich zusätzlich folgende Vereinbarung:

„Der Vermieter nimmt eine andere ihm von den übrigen Mitgliedern vorgestellte (evtl. Zusatz: „ihm zumutbare") Person in das Mietverhältnis auf."

Dies wäre wohl eine ideale Regelung für eine Wohngemeinschaft. Nur wird dieser Idealfall leider selten durchzusetzen sein.

65   Es bleibt dann doch die Möglichkeit, daß nur einer die Wohnung mietet und die übrigen Untermieter sind. Am besten wird dann natürlich der Hauptmieter, der voraussichtlich am längsten in der Wohnung bleiben wird. Er muß sich eine (möglichst zahlenmäßig unbeschränkte) Untermietererlaubnis vom Vermieter geben lassen. Fast das Gleiche wie oben wäre erreicht, wenn es dem Hauptmieter gelingt, eine Vereinbarung mit dem Vermieter zu treffen, daß im Falle seines Ausscheidens einer der Untermieter der Hauptmieter wird. Schriftlich könnte das so gefaßt sein:

„Wird das Vertragsverhältnis mit dem Hauptmieter einverständlich oder durch Kündigung gelöst, so wird das Mietverhältnis mit einem (dem Vermieter zumutbaren) bisherigen Untermieter fortgesetzt."

Besteht eine solche Vereinbarung, so kann der Vermieter einen neuen Untermieter nur bei Vorliegen sachlicher, in dessen Person liegender Gründe ablehnen (LG Hannover WM 78, 165).

Gelingt eine solche Vereinbarung (wie meistens) nicht, so bleibt beim Auszug des Hauptmieters nur die Möglichkeit, daß dieser auch nach seinem Ausscheiden im Verhältnis zum Vermieter Hauptmieter bleibt. Am sichersten ist es in diesem Fall, wenn Sie sich nicht polizeilich abmelden (die neue Wohnung also nur als Zweitwohnung anmelden), Ihr Namensschild an der Tür lassen und behaupten, daß Sie in absehbarer Zeit wieder in die Wohnung zurückkehren werden.

66   Diese eben dargestellte sehr nachteilige Rechtslage für Wohngemeinschaften ist insbesondere durch die Entscheidung des BGH WM 85, 7 (vgl. hierzu Rdnr. 63) verbessert worden. Was der Bundesgerichtshof dort ausgeführt hat, gilt sowohl für Paare als auch für die Aufnahme von Personen in eine Wohngemeinschaft. Daneben gibt es eine Reihe von amts- und landesgerichtlichen Entscheidungen, die ebenfalls eine wohngemeinschaftsfreundliche Tendenz aufweisen.

Am weitesten geht eine Entscheidung des Amtsgerichts Hamburg (WM 79, 28). Dort wollte der Vermieter den Mietvertrag wegen Auszugs des Hauptmieters kündigen. Das Gericht verneinte den Kündigungsgrund und wies die Klage ab, da aus dem Vertrag die Hinfälligkeit des Mietverhältnisses bei Wohnungswechsel des Hauptmieters nicht hervorgehe. Wer an eine Wohngemeinschaft vermiete, müsse mit einer gewissen Fluktuation rechnen. Die Vermietung erfolge auch nicht unter der „selbstverständlichen Voraussetzung", daß der Hauptmieter die Wohnung ständig mitbewohne. Die anderen Mitglieder der Wohngemeinschaft konnten also weiterhin in der Wohnung bleiben, obwohl der Hauptmieter ausgezogen war. Nach einem Urteil des LG München I (WM 82, 189) können bei Vermietung einer Wohnung an eine Wohngemeinschaft einzelne Mitglieder der Wohngemeinschaft ausgewechselt werden, wenn dadurch die vertraglich festgelegte Gesamtzahl der Bewohner nicht überschritten wird und gegen den neuen Mieter keine sachlich begründeten Einwände bestehen (ebenso AG Mainz, WM 82, 190). Nach LG Mainz (WM 82, 191) ist die wechselweise Aufnahme von Personen, die mit dem Mieter in einer Wohngemeinschaft wohnen, keine unerlaubte Untervermietung. Dieser sogenannte unselbständige Mitgebrauch bedarf nicht der Genehmigung des Vermieters (AG Wiesbaden, WM 82, 190). Nach AG Braunschweig (WM 82, 192) können, falls ein Mitmieter die Wohngemeinschaft verläßt, die verbliebenen Mieter die Zustimmung zur Untervermietung an ein neues Mitglied der Wohngemeinschaft verlangen. Das LG Braunschweig (WM 82, 188) sieht jedenfalls dann einen Eintritt des neuen Wohngemeinschafters in den Mietvertrag, wenn der Vermieter jahrelang dem Wechsel von Wohngemeinschaften zugestimmt hat. Die Wohngemeinschaften müssen in diesem Fall nicht die Erlaubnis des Vermieters zur Untervermietung einholen. Nach einem Urteil des AG Braunschweig (WM 82, 190) bildet der häufige Wechsel von Mitgliedern einer Wohngemeinschaft keinen Grund zur außerordentlichen Kündigung des Mietverhältnisses durch den Vermieter, wenn der jeweilige Wechsel dem Vermieter angezeigt wird.

Auch wenn sich diese Rechtssprechung, was zu hoffen ist, durchsetzen wird, bleibt es im Falle des Auszuges des Hauptmieters dabei, daß er dem Vermieter zur Zahlung der Miete und Erfüllung der sonstigen Verpflichtungen aus dem Mietverhältnis haftet.

Es muß daher unbedingt zwischen ihm und den anderen Mitbewohnern eine interne Abmachung getroffen werden, daß er von allen Ansprüchen des Vermieters freigestellt wird, also daß die anderen zahlen. Sehr ratsam ist es auch, zur Sicherheit ein Sparkonto anzulegen, über das nur der ehemalige Hauptmieter mit allen übrigen zusammen verfügen kann (Sperrvermerk). Auf dieses Konto zahlen diejenigen, die in der Wohnung bleiben, einen Betrag von vielleicht zwei Monatsmieten ein. Falls die Wohngemeinschaft später mal mit der Mietzahlung in Verdrückung kommen sollte, und das ehemalige Mitglied, das immer noch als Hauptmieter gilt, vom Vermieter in Anspruch genommen wird, so kann hierauf zurückgegriffen werden.

b. Das Verhältnis der Wohngemeinschaftsmitglieder untereinander

67 Sind sämtliche Mitglieder der Wohngemeinschaft Hauptmieter, so bestehen untereinander gleiche Rechte und Pflichten. Dies betrifft insbesondere sämtliche Willenserklärungen, die zwischen der Wohngemeinschaft und dem Vermieter ausgetauscht werden, also z. B. Kündigung (LG Hamburg WM 77, 184), Mieterhöhungen (AG Hamburg WM 77, 165) usw. (vgl. Rdnr. 64).

Ist ein Mitglied der Wohngemeinschaft Hauptmieter, und die anderen sind Untermieter, so haben die Untermieter gegenüber dem Hauptmieter die gleichen Rechte (insbesondere Kündigungsschutz) wie dieser gegenüber dem Vermieter. Der Untermietvertrag hängt allerdings vom Bestehen des Hauptmietvertrages ab. (Im einzelnen vgl. Rdnr. 74, 74.)

Hat von mehreren Wohngemeinschaftsmitgliedern nur einer den Mietvertrag unterschrieben und ist über die rechtliche Ausgestaltung des Verhältnisses zwischen den Mitgliedern nichts vereinbart, so liegt — falls die Bewohner die Wohnung gemeinsam nutzen, renovieren und bezahlen — zwischen den Wohngemeinschaftsmitgliedern kein Untermietverhältnis vor (LG Heidelberg WM 77, 31; so auch AG Warendorf WM 82, 193). Ein solches besteht nur im Verhältnis zum Vermieter. Innerhalb der Wohngemeinschaft besteht eine sog. Gemeinschaft (nach LG Aachen ZMR 82, 110 liegt ein Vertrag eigener Art vor, durch welchen gegen anteilige Übernahme des Mietzinses die Mitbenutzung der Wohnung gestaltet wird), die sich nicht nach Mietvorschriften richtet; d.h.: Derjenige, der den Mietvertrag unterschrieben hat, kann seinen Mitbewohnern auch nicht bei Vorliegen eines Kündigungsgrundes kündigen, vielmehr muß eine beiderseitige Aufgabe der Wohnung und Rückgabe an den Vermieter, bzw. Auflösung der Wohngemeinschaft und Benutzung der Räume als Einzelzimmer (AG Warendorf WM 82, 193) erfolgen.

Dies alles gilt aber nur, falls wirklich keine — auch nicht stillschweigende — Vereinbarung über ein Untermietverhältnis vorliegt.

Überhaupt sollten die Wohngemeinschaften bei ihrer Gründung ihr (rechtliches) Verhältnis untereinander in einem schriftlichen Vertrag regeln. Sie sollten dort zum Beispiel festlegen, zu welchem Teil jeder bei Forderungen des Vermieters an den Hauptmieter zu zahlen hat, und daß der Hauptmieter nicht eigenmächtig kündigen darf, usw. (wie eben Rdnr. 66).

Der Vorschlag mag zwar nach Pedanterie klingen, zumal die Wohngemeinschaft bei ihrer Gründung meist nicht daran denkt, daß es einmal zu Streitigkeiten wegen finanzieller Dinge kommen könnte. Es bedeutet aber keineswegs Mißtrauen, wenn man sich auch für den schlimmsten Fall gegenseitig absichert.

V. Zusätzliche finanzielle Verpflichtungen

68   Häufig übernimmt der Mieter neben der Mietzahlung noch zusätzliche finanzielle Pflichten.

1. Kaution

69   Allgemein üblich ist es heute, daß der Vermieter die Stellung einer Kaution durch den Mieter verlangt. Diese Kaution muß aber im Vertrag vereinbart sein. Der Vermieter kann also später nicht ankommen und sagen, Sie hätten sozusagen „gewohnheitsrechtlich" eine Kaution zu bezahlen.

Die Kaution ist eine Mietsicherheit. Sie darf dem Vermieter nur zur Absicherung für den Fall dienen, daß Sie irgendwelchen Verpflichtungen aus dem Mietverhältnis nicht nachkommen.

Nach dem Inkrafttreten des sogenannten „Gesetzes zur Erhöhung des Angebots an Mietwohnungen" gibt es nicht mehr wie früher eine unterschiedliche Kautionsregelung zwischen frei finanziertem und sozialem Wohnungsbau. Es gilt nun einheitlich § 550 b BGB. Wird vom Vermieter eine Kaution verlangt, so darf sie nun das dreifache des monatlichen Mietzinses nicht übersteigen. Hierbei bleiben Nebenkosten unberücksichtigt. Der Mieter braucht die Kaution nicht auf einmal zu zahlen, er ist vielmehr berechtigt, sie in drei gleichen monatlichen Teilbeträgen zu erbringen. Die erste Teilleistung wird zu Beginn des Mietverhältnisses fällig. Zur Absicherung der Kaution hat der Vermieter diese von seinem Vermögen getrennt bei einer öffentlichen Sparkasse oder einer Bank zu dem für Spareinlagen mit gesetzlicher Kündigungsfrist üblichen Zinssatz anzulegen. Weigert sich der Vermieter, die Anlage der Mietkaution nachzuweisen, hat der Mieter ein Zurückbehaltungsrecht an der Miete in Höhe des Kautionsbetrages (AG Bremen WM 89, 74).

Die Zinsen stehen dem Mieter zu. Wenn der Vermieter eine solche Verzinsung nicht vornimmt, macht er sich in entsprechender Weise schadensersatzpflichtig.

Eine Ausnahme von der Verzinsungspflicht besteht allerdings bei Jugend- und Studentenwohnheimen. Hier muß die Kaution nicht verzinst werden.

Diese Vorschriften dürfen nicht zu Ungunsten des Mieters abgeändert werden. Für Mietverträge, die vor dem 1.1.1983 abgeschlossen worden sind, gelten die neuen Regelungen nicht. Nach einem Rechtsentscheid des Bundesgerichtshofs (WM 82, 240) ist der Vermieter dann zur Verzinsugn der Kaution verpflichtet, wenn dies nicht ausdrücklich vertraglich ausgeschlossen ist. Auch hier sind allerdings Jugend- und Studentenwohnheime ausgenommen.

2. Abstandszahlungen

70 Häufig werden zwischen Vormieter und neuem Mieter für den Fall des Auszugs sog. Abstandszahlungen vereinbart. Besteht die ,,Leistung'' des Vormieters lediglich darin, für den Fall der Zahlung aus der Wohnung auszuziehen oder den neuen Mieter dem Vermieter zu empfehlen, so ist eine solche Vereinbarung jedenfalls bei örtlich knapper Wohnraumversorgung wegen Verstoßes gegen die guten Sitten nichtig (LG Frankfurt WM 89, 166; AG München WM 90, 13). Soll das Entgelt allerdings für die Übernahme von Einrichtungen und Möbeln oder für die Erstattung von Verwendungen (z. B. Renovierungsmaßnahmen) bezahlt werden, so bestehen gegen eine solche Ablösevereinbarung keine Bedenken. Wird also z. B. ein Abstand in Höhe von DM 5.000 als Bedingung für den Eintritt in die Mietnachfolge verlangt, beträgt der Wert der übernommenen Gegenstände jedoch nur DM 800 so ist der Vertrag insoweit nichtig, als die Zahlungsverpflichtung des neuen Mieters DM 800 übersteigt (LG Frankfurt WM 89, 166). Hat der Mieter einen höheren Betrag bezahlt, kann er den Unterschiedsbetrag wegen ungerechtfertigter Bereicherung des Vormieters zurückverlangen (im genannten Fall DM 4.200).

3. Mietvorauszahlungen etc.

71 Eine Mietvorauszahlung, ein Mietdarlehen und ein abwohnbarer Baukostenzuschuß sind keine für Sie verlorenen Beträge. Bei vorzeitigem Auszug müssen diese vom Vermieter zurückgezahlt werden.

Soll der Vermieter bestimmte Teilbeträge fortlaufend durch Verrechnung mit der Miete „zurückzahlen", so ist eines wichtig. Das Mietverhältnis gilt für die Dauer der Verrechnungszeit als befristet: Das heißt, Sie und der Vermieter können dann nur aus wichtigem Grund kündigen (dazu Rdnr. 173 ff., 215 ff.). Evtl. können Sie aber einen Nachmieter stellen (dazu Rdnr. 167/168). Hierzu ein Beispiel:

> *Im Vertrag steht: „Das Mietdarlehen von DM 2.000 wird in monatlichen Raten von DM 50 zurückgezahlt. Die Raten sind mit dem Mietzins zu verrechnen."*

Die ordentliche (normale) Kündigung kann von beiden Seiten erst nach drei Jahren und vier Monaten ausgesprochen werden. (Wegen Mieterhöhung bei Hingabe eines Mietdarlehens vgl. Rdnr. 100).

4. Verlorener Baukostenzuschuß

72   Wenn Sie einen „verlorenen Baukostenzuschuß" geleistet haben, so ist auch dieser nicht ganz verloren. Er kann vielmehr abgewohnt werden. Der nicht abgewohnte Teil muß vom Vermieter zurückgezahlt werden. Alle vier Jahre haben Sie den verlorenen Baukostenzuschuß in Höhe von einer Jahresmiete abgewohnt.

Beispiel: Beträgt die Monatsmiete DM 400 die Jahresmiete also DM 4.800 und haben Sie einen verlorenen Baukostenzuschuß von DM 5.000 gezahlt, so können Sie, wenn Sie nach vier Jahren ausziehen, noch DM 200 (plus 4 % Zinsen) vom Vermieter verlangen.

Noch ein Beispiel: Sie leisten als verlorenen Baukostenzuschuß den Betrag von DM 20.000. Ihre Jahresmiete beträgt wieder DM 4.800. Wenn Sie jetzt nach 10 Jahren ausziehen, kann der Vermieter 2 1/2 Jahresmieten absetzen, also DM 12.000. Die restlichen DM 8.000 plus 4 % Zinsen muß Ihnen der Vermieter zurückzahlen.

Wenn der Vermieter verabredungswidrig nichts in das Haus investiert hat, können Sie stets die ganze Summe (hier also DM 20.000) verzinst bei Ihrem Auszug verlangen.

VI. Schadensersatz bei Doppelvermietung

73   Zum Schluß dieses Kapitels wollen wir noch kurz darauf eingehen, was passiert, wenn Ihnen der Vermieter die Wohnung, obwohl Sie einen mündlichen oder schriftlichen Vertrag mit ihm haben, nicht überläßt. Der Vermieter muß Ihnen den gesamten Schaden, welcher Ihnen hierdurch entstanden ist, ersetzen (zum Beispiel Kosten für schon bestellte Gardinen, für den schon bestellten Spediteur, für eine neue Zeitungsannonce, für die Beauftragung ei-

nes Maklers, für Ihnen zusätzlich entstandene Fahrtkosten zum Arbeitsplatz etc.). Wenn Sie eine andere Wohnung mieten müssen, die etwa gleich gut und gleich groß, aber teurer ist, können Sie die Mietdifferenz verlangen. Wenn zum Beispiel ein 5-Jahres-Vertrag zu einem Mietzins von DM 300 abgeschlossen, die Wohnung aber Ihnen nicht überlassen worden ist, so können Sie, wenn Sie für eine andere Wohnung DM 450 zahlen müssen, für den vollen Zeitraum von 5 Jahren die Differenz verlangen.

Selbst wenn noch kein Vertrag zustande gekommen ist, haben Sie einen Schadensersatzanspruch dann, wenn Sie davon ausgehen durften, daß der Vertrag mit Sicherheit zustande kommen würde. Dieser Anspruch besteht zum Beispiel dann, wenn Ihnen der Vermieter oder Hausverwalter gesagt hat, daß Sie mit Sicherheit an einem bestimmten Tag einziehen können, die Wohnung dann aber doch einem anderen überläßt.

Bevor Sie Klage einreichen, sollten Sie sich aber vergewissern, ob Sie die Zusage des Vermieters beweisen können. Holen Sie sich deshalb besser zusätzlichen rechtlichen Rat.

VII. Das Untermietverhältnis

74   Gemäß § 549 Abs. 1 BGB ist der Mieter ohne die Erlaubnis des Vermieters nicht berechtigt, den Gebrauch der gemieteten Sache einem Dritten zu überlassen, insbesondere die Sache weiterzuvermieten. Hat der Mieter daher ein Interesse, die Sache unterzuvermieten, so sollte dieses Recht bereits im Mietvertrag vereinbart werden. Entsteht jedoch für den Mieter nach Abschluß des Mietvertrages ein berechtigtes Interesse an der Untervermietung, so kann er von dem Vermieter die Erlaubnis hierzu verlangen (§ 549 Abs. 2 BGB). Nach BGH WM 85, 7 ist ein berechtigtes Interesse des Mieters schon dann anzunehmen, wenn ihm vernünftige Gründe zur Seite stehen, die seinen Wunsch nach Überlassung eines Teils der Wohnung an Dritte nachvollziehbar erscheinen lassen.

Der Mieter hat die konkreten Umstände darzulegen, die sein Interesse begründen. Dies können wirtschaftliche, aber auch persönliche Gründe sein, etwa der Wunsch, sein Privatleben innerhalb der eigenen vier Wände nach seinen Vorstellungen zu gestalten (vgl. auch Rdnr. 63, 64). Nur dann, wenn die Untervermietung für den Vermieter als unzumutbar erscheint, kann dieser die Erlaubnis verweigern. Gründe können z. B. in der Person des aufzunehmenden Dritten oder in der Überbelegung der Wohnung liegen. Stets ist eine Abwägung der gegenseitigen Interessen im Einzelfall vorzunehmen. Verweigert der Vermieter generell die Untermieterlaubnis, ohne sie von der Person des Dritten abhängig zu machen, ist es dem Mieter nicht zuzumuten, dem Vermieter weitere konkrete Untermieter nachzuweisen (LG Hamburg WM 87, 20).

Vielfach verbreitet ist die Auffassung, als Untermieter sei man Mieter minderen Rechts, insbesondere hinsichtlich des Kündigungsschutzes. Dieser Irrtum mag darauf beruhen, daß Untermietverhältnisse häufig über möblierte Zimmer abgeschlossen werden, die zur Vermieterwohnung gehören, und die deswegen nur beschränkten Kündigungsschutz genießen. Festzuhalten ist demgegenüber folgendes: welche Rechte Sie bezüglich Kündigungsschutz, Fristen etc. haben, richtet sich nicht danach, ob Sie Haupt- oder Untermieter sind, sondern danach, welche Art von Wohnraum (möbliert oder zur Vermieterwohnung gehörig, nur vorübergehend überlassen etc., vgl. Rdnr. 171, sowie 182 ff.) Sie bewohnen. Im übrigen gilt grundsätzlich, daß Sie als Untermieter gegenüber Ihrem Vermieter genau die gleichen Rechte haben wie als Hauptmieter. Der Unterschied liegt nur darin, daß beim Untermietverhältnis der Vermieter nicht Hauseigentümer ist, sondern selbst (als Hauptmieter) zur Miete wohnt.

75   Daraus ergibt sich allerdings eine wesentliche **Abweichung**: Wird Ihrem Vermieter gekündigt (auch fristlos), so haben Sie kein Recht, in der Wohnung zu bleiben. Sie müssen dann zusammen mit dem Hauptmieter ausziehen. Der Hauseigentümer hat gegen den Untermieter einen selbständigen Räumungsanspruch. Allerdings hat dieser wie der Hauptmieter einen Anspruch auf die Gewährung einer angemessenen Räumungsfrist (LG Stade WM 87, 62).

Im übrigen kann Ihnen der Hauseigentümer keine Vorschriften machen oder irgendetwas abverlangen.

Alles, was Ihnen im Fall der Beendigung des Hauptmietverhältnisses bleibt, sind unter Umständen Schadensersatzforderungen gegen den Hauptmieter. Dies kommt vor allem in folgenden Fällen in Betracht:

- Der Hauptmieter hat Ihnen verschwiegen, daß sein (befristetes) Mietverhältnis ausläuft, bzw. daß sein unbefristetes ordentlich gekündigt wurde, und er überfällt Sie kurzfristig mit der Mitteilung, daß Sie ausziehen müssen.

- Ihm wird durch den Eigentümer fristlos wegen vertragswidrigen Verhaltens gekündigt (vgl. Rdnr. 215 ff.).

Beides stellt Ihnen gegenüber eine Vertragsverletzung des Hauptmieters dar, die ihn zum Ersatz des daraus entstehenden Schadens verpflichtet. Dieser wird in der Regel in den Umzugskosten bestehen; aber auch wenn Sie hinterher für ein etwa gleich gutes Zimmer eine wesentlich höhere Miete zahlen müssen, ist das ein Schaden, den Sie wieder einfordern können.

3. Kapitel Rechte und Pflichten während bestehendem Mietverhältnis

I. Wohngebrauch, Hausrecht

76   Ist der Mietvertrag abgeschlossen und der Mieter in die Wohnung eingezogen, hat er eine Reihe von Rechten erworben und Pflichten übernommen, die im folgenden Kapitel erörtert werden sollen. Dabei konzentrieren wir uns auf die drei großen Problemkreise „Instandsetzung, Instandhaltung und Schönheitsreparaturen", „Mieterhöhung" und „Nebenkosten". Hinweise auf weitere Rechte und Pflichten finden sich in dem Kapitel Vertragsabschluß (Rdnr. 46 ff.) und Beendigung des Mietverhältnisses (Rdnr. 161 ff.).

77   Das selbstverständlichste Recht des Mieters ist es, die Wohnung zu gebrauchen. Über Art und Umfang kann es allerdings zu erheblichen Differenzen zwischen den Vertragspartnern kommen. Der Mietgebrauch erstreckt sich grundsätzlich auf alle Teile der Wohnung. Ein vorhandenes Bad kann der Mieter grundsätzlich zu jeder Tages- und Nachtzeit benutzen. Zum Gebrauch der Wohnung zählt es auch, Musik anzuhören, selbst zu musizieren und auch gelegentlich Feiern durchzuführen. Die Vereinbarung von Ruhezeiten (z. B. von 22 Uhr bis 7 Uhr oder von 13 Uhr bis 15 Uhr) ist zulässig.

Zwar darf der Mieter die Wohnung nicht einseitig in gewerbliche Nutzung umändern. Dies schließt allerdings gewerbliche Tätigkeit in geringem Umfang nicht aus. Gelegentliche Büroarbeiten oder geschäftliche Besprechungen kann der Vermieter nicht verbieten (LG Hamburg WM 85, 263).

Häufiger Anlaß für Streitigkeiten ist die Tierhaltung. Auch sie gehört grundsätzlich zum typischen Wohngebrauch und stellt eine normale Nutzung dar (OLG Stuttgart MDR 82, 583, LG Hildesheim WM 89, 9; a.A. OLG Hamm WM 81, 53). Dennoch kann die Tierhaltung vertraglich ausgeschlossen werden. Eine im Mietvertrag enthaltene Verbotsklausel bezieht sich jedoch nur auf größere Tiere (Hunde und Katzen), nicht auf Fische, Vögel, Schildkröten, Zwergkaninchen o.ä. (AG Aachen WM 89, 236). Auf keinen Fall kann der stundenweise Aufenthalt von Besuchern mit Tieren verboten werden (AG Osnabrück WM 87, 380). Nicht vom Wohngebrauch gedeckt sind allerdings erhebliche Störungen, die von Tieren ausgehen können. Im Hausflur frei umherlaufende große Doggen stellen ein vertragswidriges Verhalten dar, dessen Unterlassung der Vermieter beanspruchen kann (OLG Köln WM 88, 123).

Falls der Vermieter die Tierhaltung von seiner Zustimmung abhängig macht, kann er diese nicht willkürlich verweigern. Vielmehr sind die Grundsätze von Treu und Glauben zu beachten (LG Stuttgart WM 88, 121). Nur konkrete sachliche Gesichtspunkte können die Ablehnung rechtfertigen. Der Vermieter kann seine Mieter grundsätzlich auch nicht unterschiedlich behandeln. Hat er anderen Mietern die Erlaubnis zur Tierhaltung erteilt, so kann er diese einem anderen Mieter nicht versagen (LG Freiburg WM 86, 247). Kennt der Vermieter die Tierhaltung und duldet er diese über längere Zeit, so kommt dies einer Erlaubnis gleich (LG Essen WM 86, 117). Die einmal erteilte Genehmigung erstreckt sich auch auf die Anschaffung eines neuen Tieres nach dem Tod des alten, sofern es sich um ein vergleichbares Tier handelt (AG Langenfeld WM 82, 226; a.A. AG Kassel WM 87, 144).

78   Das Nutzungsrecht an der Wohnung umfaßt auch das sog. Hausrecht. Dieses bedeutet, daß die Wohnung niemand gegen den Willen des Mieters betreten darf. Wer dies dennoch tut und weiß, daß das Einverständnis des Mieters nicht vorliegt, begeht einen strafbaren Hausfriedensbruch. Dies gilt grundsätzlich auch für den Vermieter. Etwas anderes gilt nur bei möblierten Zimmern innerhalb der Wohnung des Vermieters. An solchen Räumen hat der Vermieter ebenfalls ein beschränktes Hausrecht. Er darf das Zimmer während der Abwesenheit des Mieters stets, während seiner Anwesenheit aber nicht nachts oder sonst zur Unzeit, und auch nicht ohne anzuklopfen, betreten. Steht der Auszug des Mieters bevor, so hat der Vermieter ein Recht darauf, daß ihm der Zutritt zwecks Besichtigung mit Mietinteressenten gestattet wird. Die Wohnungsbesichtigung durch den Vermieter muß allerdings rechtzeitig, mindestens 24 Stunden vorher, mitgeteilt werden (AG Neustadt WM 79, 143). Falls dem Vermieter in einem solchen Fall der Eintritt verweigert wird, und aus diesem Grund Mietinteressenten vom Vertragsschluß Abstand nehmen, muß der Mieter mit einer Schadensersatzforderung des Vermieters rechnen (AG Bergisch Gladbach WM 77, 27).

II. Instandsetzung, Instandhaltung, Schönheitsreparaturen

a. Überlassungs- und Erhaltungspflicht des Vermieters

79   Der Vermieter hat dem Mieter die Wohnung in vertragsgemäßem Zustand zu überlassen und sie während der Mietzeit in diesem Zustand zu erhalten (§ 536 BGB). Der Vermieter muß also dafür sorgen, daß die Wohnung vor Einzug des Mieters in einwandfreien Zustand versetzt wird (Instandsetzung), und daß während der Mietzeit entstehende Mängel an der Mietsache beseitigt werden (Instandhaltung). Dies gilt auch für die durch normale Abnutzung von Wänden und Decken, Fußböden, Türen und Heizkörpern entstehende Mängel (Schönheitsreparaturen).

80   **b. Verschulden des Mieters**
         Veränderungen der Mietsache, die durch den vertragsgemäßen Gebrauch
         herbeigeführt werden, hat der Mieter nicht zu vertreten (§ 548 BGB). Etwas
         anderes gilt dann, wenn ein Schaden durch vertragswidrigen Gebrauch der
         Mietsache verursacht worden ist. Hier ist der Mieter zur Beseitigung verpflich-
         tet. Typisches Beispiel: der Wasserschaden, der durch eine in Abwesenheit
         des Mieters auslaufende Waschmaschine verursacht wird. Für Zufallsschä-
         den (Hagelschäden, Fensterbruch durch Sturm) haftet der Mieter dagegen
         nicht.

81   **c. Die Fürsorgepflicht des Vermieters**
         Der Vermieter muß die Räume in einem solchen Zustand halten, daß dem
         Mieter kein Schaden entstehen kann. Diese Pflicht gilt sowohl für Räume,
         die von allen Bewohnern gemeinsam benutzt werden (Treppenhaus, Spei-
         cher, Keller etc.) als auch für die eigentliche Wohnung.

82   Da sich die Wohnung normalerweise in der Obhut des Mieters befindet, muß
         dieser an der Mängelbeseitigung insoweit mitwirken, als er nach dem Ge-
         setz verpflichtet ist, entstehende Mängel sofort dem Vermieter zu melden.
         Tut er dies nicht, kann er sich schadensersatzpflichtig machen.

         d. Vorgehen gegen den Vermieter
83   Sind solche Mängel, die der Vermieter nach dem bisher Gesagten beseiti-
         gen lassen muß, vorhanden, und der Vermieter beseitigt sie nicht von sich
         aus, so können Sie folgendes unternehmen:

83 a   **aa. Klage**
         Sie können den Vermieter auf Beseitigung aller Mängel verklagen. Das geht
         aber nur, wenn es sich um Mängel handelt, die so schwer sind, daß die Woh-
         nung oder der betreffende Teil der Wohnung nicht mehr richtig benutzt wer-
         den kann (z. B. durch schadhaftes Dach oder Mauerwerk dringt Feuchtig-
         keit in die Wohnung oder Kellerraum, Putz bröckelt von Wänden und Decken
         ab, Türen und Fenster schließen nicht, Fußboden hat starke Risse, Mängel
         an Heizung, Waschbecken, WC).

83 b   **bb. Mietminderung**
         Da Klagen immer Unannehmlichkeiten mit sich bringen, sollte man zunächst
         versuchen, anders zum Ziel zu kommen. Die einfachste Art ist es, eine ge-
         ringere Miete zu zahlen, bis der Mangel beseitigt ist. Dieses Recht des Mie-
         ters ist im Gesetz festgelegt (§ 537 BGB) und kann ihm nicht durch entspre-
         chende mietvertragliche Klauseln genommen werden (§ 537 Abs. 3 BGB).
         Es muß allerdings auch hier ein nicht ganz unbedeutender Mangel vorlie-

gen. Nur, weil z. B. der Teppichboden sich in einer Zimmerecke auf einigen qcm gelöst hat, kann man also die Miete nicht herabsetzen.

Zeigt sich aber ein handfester Mangel, so gehen Sie am besten so vor: Machen Sie den Vermieter auf den Schaden aufmerksam und bitten Sie ihn um Beseitigung. Lehnt er das ab, so überweisen Sie am nächsten Monatsersten einen geringeren als den vereinbarten Mietzins (zulässig ist das Zurückbehaltungsrecht etwa bis zur 5-fachen Höhe der berechtigten Mietminderung, LG Hamburg WM 89, 172), und zwar umso weniger, je erheblicher der Mangel ist. Entscheidend ist, inwieweit der Wohnwert Ihrer Wohnung beeinträchtigt ist. Dabei sind erhebliche Mängel im Wohnzimmer wesentlicher als solche in Küche oder Bad oder gar in einem Abstellraum. Bei der Mietbemessung der Mietminderung handelt es sich um einen Bewertungsvorgang, für den keine allgemein gültigen Regeln bestehen (LG Hamburg WM 83, 290).

Die nachfolgende Mietminderungstabelle kann daher nur Anhaltspunkte dafür geben, in welcher Größenordnung die Miete herabgesetzt werden kann. Stets sind jedoch die Verhältnisse des Einzelfalls entscheidend.

Die Gerichte haben folgende Minderungsbeträge anerkannt:

5 %: Fehlen eines Kinderspielplatzes (LG Freiburg ZMR 76, 210); undichte Fenster bei Schlagregen, Flecken im Fensterbereich von Wohn- und Schlafzimmer (LG Berlin MDR 82, 671); Nichtbenutzbarkeit eines offenen Wohnzimmerkamins (LG Karlsruhe WM 87, 382).

5-10 %: Unterdimensionierte Heizung (AG Münster WM 87, 382); laute Geräusche durch Sammelheizung (AG Hamburg WM 87, 271); unzureichende Heizleistung (AG Rendsburg WM 75, 122); Entzug der Waschküchenbenutzung (AG Brühl WM 75, 145); geringe Feuchtigkeitsschäden in Neubauwohnung (LG Hamburg WM 76, 205); Abstellen der Warmwasserversorgung für einen Monat (LG Kassel WM 79, 51).

Bis zu 20 %: Erheblicher Kinderlärm (AG Köln MRD 71, 356; AG Hamburg WM 75, 209); mangelhafte Beheizung mit 17 bis 18 Grad C (LG Hamburg WM 61, 38; AG Köln WM 75, 69); Nichtfunktionieren der Dusche (AG Köln WM 87, 271); Feuchtigkeit in der Wohnung (AG Köln WM 74, 241); Lärmbelästigung wegen mangelndem Schallschutz (AG Gelsenkirchen WM 78, 66); ruhestörender Lärm durch Mitbewohner (AG Kerpen WM 87, 272).

25 %: Heizungsausfall für 1/3 des Monats Oktober (AG Hamburg WM 73, 210); Wasserschäden an der Decke im Wohnzimmer (AG Aachen WM 74, 44); Baulärm nach 17 Uhr und an Wochenenden (AG Darmstadt WM 84, 245).

30 %: Wohnzimmertemperatur von durchschnittlich 15 Grad C (LG Düsseldorf WM 73, 187); Feuchtigkeit und überdurchschnittliche Bodenkälte (LG Münster ZMR 64, 45).

50 %: Totalausfall der Heizung in den Wintermonaten (LG Kassel WM 87, 271).

60 %: Umfangreiche Bau- und Sanierungsarbeiten (AG Hamburg WM 87, 272).

100 %: Völliger Ausfall der Heizung während der Wintermonate (LG Hamburg WM 76, 10); Heizungsausfall, Löcher in der Zimmerdecke, unbenutzbare Gartentreppe (LG Wiesbaden WM 80, 17).

83 c   **cc. Mängelbeseitigung**

Vielfach wird Ihnen damit nicht gedient sein; Sie wollen nicht weniger bezahlen, sondern den Mangel beseitigt haben, da er Sie allzusehr stört. In diesem Fall können Sie den Schaden selbst beheben und vom Vermieter die Kosten ersetzt verlangen. Dazu müssen Sie aber gewisse Förmlichkeiten einhalten:

Sie müssen zunächst dem Vermieter den Schaden bekanntgeben und ihn zur Beseitigung auffordern. Das kann mündlich geschehen, aber, wie immer, empfiehlt sich aus Beweisgründen die Schriftform.

Regt sich der Vermieter nicht, so müssen Sie ihn mahnen, d.h. nochmals zur Beseitigung auffordern.

Geschieht nun immer noch nichts, so können Sie den Mangel selbst beheben lassen (also in der Regel einen Handwerker damit beauftragen).

Sie können Ihre Auslagen vom Vermieter zurückverlangen oder vor Durchführung der Arbeiten einen Vorschuß in Höhe der voraussichtlich erforderlichen Kosten fordern (KG Berlin WM 88, 142). Wenn Sie es mindestens einen Monat vorher schriftlich ankündigen, so können Sie auch einfach gegen den Mietzins aufrechnen, d.h. den entsprechenden Betrag vom nächsten Mietzins einbehalten. Hat die Reparatur also z.B. DM 300 gekostet und zahlen Sie normalerweise DM 420 Monatsmiete, so überweisen Sie am übernächsten Monatsersten nur DM 120. Das geht auch dann, wenn im Mietvertrag die Aufrechnung für andere Fälle ausgeschlossen sein sollte (§ 552a BGB)!

e. Notwendige Verwendungen

84   Einige Besonderheiten gelten, wenn es sich bei Instandsetzungsarbeiten, die Sie vorgenommen haben, um sogenannte „notwendige Verwendungen" handelt. Das sind Ausgaben, die Sie zur Abwendung einer Gefahr für die Wohnung auf sich genommen haben, weil sich, wenn Sie sich zunächst umständlich an den Vermieter gewandt hätten, der Schaden noch vergrößert hätte. Typische Beispiele: Sie haben einen Handwerker mit der Beseitigung eines Wasserrohrbruchs beauftragt, oder Sie haben eine vom Hagel eingeschlagene Fensterscheibe wieder einsetzen lassen.

Solche Ausgaben können Sie jederzeit vom Vermieter ersetzt verlangen (§ 547 Abs. 1 BGB). Sie können sie grundsätzlich auch mit der nächsten Monatsmiete verrechnen.

Nützliche Verwendungen

85   Vorsicht ist bei Aufwendungen geboten, die nicht „notwendig" im obigen Sinne waren, und die auch nicht zu den Instandhaltungsmaßnahmen gehören, sondern die der Wohnung lediglich eine zusätzliche Verbesserung bringen. (Sogenannte „nützliche Verwendungen", § 547 Abs. 2 BGB) Beispiele: Sie ersetzen die mißtönige Türklingel durch eine wohlklingende. Solche Ausgaben muß der Vermieter nur ersetzen, wenn er dadurch „bereichert" ist, d. h. wenn sich der objektive Ertragswert der Wohnung dadurch erhöht. Bauen Sie die Wohnung mit Zustimmung des Vermieters für Ihre eigenen Zwecke aus (z. B. Einbau einer wegnehmbaren Zwischenwand, um zwei Kinderzimmer zu erhalten), so muß der Vermieter die Kosten normalerweise nicht erstatten (OLG Karlsruhe ZMR 74, 47; auch OLG Hamm ZMR 71, 17).
Es ist bei solchen lediglich nützlichen und hauptsächlich im Mieterinteresse liegenden Veränderungen immer schwer zu beweisen, daß der Vermieter bereichert ist. Damit man nicht auf Kosten sitzen bleibt, von denen man erwartet hat, daß sie der Vermieter erstatten müsse, sollte man sich daher in solchen Fällen immer vorher mit dem Vermieter in Verbindung setzen.

2. Abweichende vertragliche Vereinbarungen
a. Übertragung auf den Mieter

86   Meistens werden im Mietvertrag die Instandhaltungs- und Instandsetzungsarbeiten auf den Mieter abgewälzt. Dies ist grundsätzlich zulässig, auch in einem Formularmietvertrag (OLG Karlsruhe WM 81, 195; BGH WM 85, 46). Nicht zulässig ist es allerdings, dem Mieter alle Instandsetzungsarbeiten generell zu übertragen. Die Arbeiten müssen überschaubar und summenmäßig begrenzt sein. So dürfen Schäden, die nur alle Jubeljahre vorkommen, oder die auf Materialfehler zurückzuführen sind (z.B. Risse in den Mauern), dem Mieter nicht aufgebürdet werden. Eine derartige Vereinbarung verstieße gegen Treu und Glauben und wäre damit ungültig.

b. Zeitpunkt der Renovierung

87   Zulässig ist die Vereinbarung, daß der Mieter die Wohnung vor dem Einzug auf seine Kosten zu renovieren hat. Dies muß allerdings ausdrücklich geschehen. Eine Vereinbarung dieser Art kann durchaus den Bedürfnissen des Mieters entsprechen, falls gleichzeitig mit dem Vermieter vereinbart wird, daß die Renovierung bei Vertragsende entfällt.

Der Mieter hat dann die Möglichkeit, die Wohnung in einen Zustand versetzen zu lassen, der sie nicht nur bewohnbar macht, sondern auch seinem Geschmack entspricht. Zulässig ist auch die Vereinbarung einer Endrenovierung, wenn dies in einem individuellen Mietvertrag geschieht, nicht jedoch in einem Formularvertrag. Eine entsprechende Klausel in einem Formularmietvertrag wäre unwirksam (OLG Hamm WM 81, 77). Unzulässig ist es auch, dem Mieter die Renovierung bei Beginn des Mietverhältnisses sowie die laufenden Schönheitsreparaturen zu übertragen, und ihn außerdem zu verpflichten, bei Ende der Mietzeit die Wohnung renoviert zurückzugeben (AG Köln WM 79, 164).

c. Besonderheiten beim Formularmietvertrag

88   Meist ist die Renovierungsverpflichtung des Mieters Inhalt des vom Vermieter vorgelegten Formularmietvertrags. Die Vereinbarung einer Pflicht zur Endrenovierung durch den Mieter ist in diesem Falle unwirksam. Seit der Entscheidung des Bundesgerichtshofes vom 01.07.1987 (WM 87, 306 ff.) gilt für die Überbürdung von laufenden Schönheitsreparaturen auf den Mieter folgendes:

89   Die Pflicht des Mieters zur Durchführung von laufenden Schönheitsreparaturen ist nur dann wirksam vereinbart, wenn sich diese im „üblichen und angemessenen Umfang" hält (BGH WM 87, 306, 308). Sonst ist sie unwirksam. Dies ist z.b. dann der Fall, wenn vom Mieter eine besonders teure Ausführung der Schönheitsreparaturen verlangt wird, oder wenn die Fristen, nach deren Ablauf zu renovieren ist, zu kurz bemessen sind.

90   Ist die Renovierungsverpflichtung wirksam vereinbart, so besteht diese trotzdem nur, wenn sie bei Auszug auch fällig ist. Dies hängt von der Renovierungsbedürftigkeit der Wohnung und dem vereinbarten oder üblichen Fristenplan ab. Renovierungsbedürftig ist die Wohnung, wenn sie dem Nachmieter nicht mehr zumutbar ist.

91   Manche Mietverträge enthalten einen Fälligkeitsplan, in dem die Zeiträume für die Durchführung der Schönheitsreparaturen festgelegt sind. Dies ist grundsätzlich zulässig. Besteht kein Fälligkeitsplan, kommt es auf den Abnutzungszustand im Einzelfall an. In der Rechtsprechung haben sich gewisse Fristen herausgebildet, die als ungefährer Maßstab dafür gelten können, wann die verschiedenen Räume zu renovieren sind (z.B. BGH WM 85, 46):
Küchen, Bäder und Duschen alle drei Jahre, Wohn- und Schlafräume, Flure, Dielen und Toiletten alle fünf Jahre, andere Nebenräume alle sieben Jahre. Sind seit Mietbeginn diese Fristen einmal abgelaufen, kommt es auf den Zustand der Wohnung bei Mietbeginn nicht mehr an. Entscheidend ist vielmehr,

wann der Mieter die Schönheitsreparaturen zuletzt durchgeführt hat. Sind seitdem diese Fristen erneut verstrichen, so ist bei Auszug die Renovierung fällig.

Sind seit der letzten Renovierung durch den Mieter die Fristen nicht abgelaufen, so kommt es auf den Zustand der Wohnung an.

92   Sind die Fristen zwischen Beginn des Mietverhältnisses und dem Auszug des Mieters noch nicht abgelaufen, besteht bei Auszug keine Renovierungspflicht des Mieters, wenn die Wohnung nicht renovierungsbedürftig ist. Ist sie renovierungsbedürftig, so ist zu unterscheiden: War die Wohnung bei Mietbeginn renoviert, muß der Mieter auch bei fehlendem Fristablauf bei Auszug renovieren. Hat er dagegen eine nicht renovierte Wohnung übernommen, besteht in aller Regel keine Renovierungsverpflichtung. Anderes kann nur bei übermäßiger Abnutzung gelten.

d. Gegenstand der Schönheitsreparaturen

93   Schönheitsreparaturen umfassen die Beseitigung derjenigen Mängel, die durch die normale Abnutzung der Wohnung entstehen. Hierzu gehören das Tapezieren, Anstreichen oder Kalken der Wände und Decken, das Streichen der Fußböden und der Heizkörper einschließlich der Heizrohre, der Innentüren sowie der Fenster und der Außentüren von innen (vgl. BGH, WM 85, 46). Grundsätzlich kann sich der Mieter den angenehmsten und billigsten Weg aussuchen. Wenn im Mietvertrag nichts anderes vereinbart ist, braucht also kein Handwerker beauftragt zu werden. Allerdings müssen die Schönheitsreparaturen ordnungsgemäß und fachgerecht, wenn auch nicht „fachmännisch" ausgeführt werden (AG Aachen, WM 74, 44). Die Reparaturen dürfen nicht erheblich von der bisherigen Ausführungsart abweichen (LG Kiel, WM 80, 235).

Nicht zu den Schönheitsreparaturen gehören gründliche Ausbesserungen von Putz- und Mauerwerk. Für die Bausubstanz ist der Vermieter verantwortlich. Allgemein kann man sagen, daß Maurer-, Gipser-, Installations- und Glaserarbeiten nicht zu den Schönheitsreparaturen gehören. Dasselbe gilt für das Abschleifen und Versiegeln des Parkettbodens und Ersatz von Teppichböden (AG Freiburg, WM 89, 233).

III. Mieterhöhung

1. Allgemeines

94   Seit dem 1.1.1975 ist ein Gesetz zur Regelung der Miethöhe („Miethöhengesetz", MHG) in Kraft, das die Möglichkeiten der Vermieter zur willkürlichen

Mieterhöhung erheblich beschnitten hat. Das Gesetz ist allerdings in der üblichen verklausulierten Paragraphensprache geschrieben, und die Regelungen, die es trifft, sind etwas kompliziert. Lesen Sie folgende Abschnitte also genau, wenn Ihr Vermieter eine höhere Miete verlangt, in der Erwartung, daß Sie das komplizierte Gesetz und die Möglichkeiten, die es Ihnen bietet, nicht kennen. Das MHG sieht Mieterhöhungen für folgende Fälle vor:

1. zur Anpassung der Miete an die „ortsübliche Vergleichsmiete" — dazu Rdnr. 102-106;

2. wenn bauliche Verbesserungen der Wohnung oder des Hauses vorgenommen worden sind — dazu Rdnr. 107-113;

3. wenn sich Betriebs- und Kapitalkosten erhöht haben — dazu siehe Rdnr. 121.

95   Gemäß § 10 Abs. 3 MHG gilt das Mieterhöhungsverfahren des MHG für folgende Wohnungen nicht:

1. für preisgebundenen Wohnraum, also insbesondere Sozialwohnungen und gewisse steuerbegünstigte Neubauwohnungen;

2. für Wohnraum, der nur zu vorübergehendem Gebrauch vermietet ist. Was hierunter zu verstehen ist, lesen Sie bitte bei Randnummer 185.

3. Für möbliert vermieteten Wohnraum, der zur Wohnung des Vermieters gehört, gilt das Mieterhöhungsverfahren des MHG auch nicht, es sei denn, er wäre für eine Familie (also mindestens ein Ehepaar oder ein Elternteil mit Kind) zum dauernden Gebrauch vermietet;

4. für Studenten- und Jugendwohnheime. Diese können Mieterhöhungen nach dem sogenannten Kostendeckungsprinzip durchsetzen, d.h. steigende Kosten des Vermieters können, ohne daß die Voraussetzungen des MHG vorliegen, direkt auf die Mieter umgewälzt werden. Der durch diese Regelung geschmälerte Mieterschutz gilt nicht nur bei öffentlichen Studenten- und Jugendheimen, sondern auch, da das Gesetz hier keinen Unterschied macht, für private Heime. Es ist offensichtlich, daß in diesem Bereich dem Mißbrauch Tür und Tor geöffnet ist.

Bei dem unter 1. genannten Wohnraum ist eine Mieterhöhungserklärung so lange unwirksam, wie die Wohnung der Preisbindung unterliegt. Das gilt auch, wenn die Erhöhung erst von einem nach der Beendigung der Preisbindung liegenden Zeitpunkt aus verlangt wird (LG Wuppertal ZMR 78, 61). Bei dem unter 2. und 3. genannten Wohnraum kann der Vermieter zwar auch nicht einseitig die Miete erhöhen, denn dazu gehört ein Vertrag, in den der Mieter einwilligen müßte. Er kann aber, da diese Wohnungen und Zimmer auch vom Kündigungsschutz ausgenommen sind (§ 564b Abs. 7 BGB), jederzeit kündigen und dann anbieten, einen neuen Mietvertrag zum höheren Mietzins abzuschließen. Dies kommt einem Recht des Vermieters zur einseitigen Mieterhöhung gleich.

2. Freiwillige Mieterhöhungsvereinbarungen
a. Vertragliche Vereinbarung im Einzelfall

96   Natürlich kann auch außerhalb des Miethöhegesetzes die Miete im beiderseitigen Einverständnis zwischen Vermieter und Mieter erhöht werden. Grundsätzlich ist jedoch von einem solchen Verfahren abzuraten. Selbst wenn Sie die verlangte Mieterhöhung für gerechtfertigt halten, sollten Sie in solchen Fällen darauf dringen, daß das Verfahren nach dem Miethöhegesetz durchgeführt wird, wie Sie es in den nächsten Absätzen beschrieben finden. Sollten Sie dazu durchdringen können, so drängen Sie wenigsten darauf, daß der Mieterhöhungsvertrag schriftlich abgeschlossen wird.

b. Staffelmiete

96 a   Vertragsvereinbarungen, wonach sich der Mietpreis in bestimmten Zeitabständen automatisch um einen festen Betrag erhöhen soll (Staffelmietvereinbarungen), waren bis zum 31.12.1982 unzulässig. Eine vor diesem Zeitpunkt für eine Altbauwohnung getroffene Staffelmietvereinbarung ist daher nichtig (LG Köln, WM 87, 362). Durch das am 1.1.1983 in Kraft getretene sogenannte „Gesetz zur Erhöhung des Angebots an Mietwohnungen" ist dieser Rechtszustand geändert worden.

Die Vereinbarung von Staffelmieten ist seither zulässig. Die Staffelung des Mietzinses tritt jedoch nicht automatisch in Kraft. Es ist in jedem Fall eine schriftliche Vereinbarung zwischen Vermieter und Mieter notwendig. Die Vereinbarung muß nicht unbedingt bereits bei Mietvertragsabschluß erfolgen. Sie kann auch bei einem schon bestehenden Mietverhältnis nachträglich geschlossen werden. Ungültig ist aber in jedem Fall eine mündliche Staffelmietvereinbarung.

Der Staffelmietzins darf höchstens einen Zeitraum bis zu jeweils zehn Jahren umfassen. Der Mietzins muß mindestens jeweils ein Jahr unverändert bleiben. Eine Höchstzeit ist nicht festgelegt, so daß ein einzelner Staffelsatz auch mehrere Jahre gleich bleiben kann. Der Staffelsatz muß jedoch auf eine bestimmte Zeit festgelegt und betragsmäßig genau ausgewiesen sein. Allein die Angabe der Erhöhungsbeträge genügt nicht (OLG Braunschweig WM 85, 213; OLG Karlsruhe WM 90, 9).

Über die Höhe der gestaffelten Miete sagen die neuen Bestimmungen nichts aus. Sie unterliegt weitgehend der „freien" Vereinbarung der Parteien, also dem Diktat des Vermieters. Eine Grenze ist nur durch die Vorschriften des § 302 a StGB (Mietwucher) und § 5 WiStG gesetzt. Wenn die Staffelmiete die zulässige Miete gem. § 5 WiStG überschreitet, so ist die Staffelmietvereinbarung insoweit nichtig, wobei allein die Zahlung des erhöhten Betrages durch den Mieter die Nichtigkeit nicht nachträglich behebt (LG Braunschweig WM 90, 159).

Hat der Mieter nun aber nicht nur die jeweils gestaffelten Mieten hinzunehmen, muß er sich auch noch eine Begrenzung seines Kündigungsrechts bei Vereinbarung einer Staffelmiete gefallen lassen: Wenn der Vermieter es will, kann in den Mietvertrag der Ausschluß des Kündigungsrechts für einen Zeitraum von vier Jahren aufgenommen werden. Der Mieter sollte darauf drängen, bei Abschluß des Mietvertrages sich gegen einen Ausschluß des Kündigungsrechts zu wehren, weil er sich das Recht, eine andere, womöglich billigere Wohnung anzumieten, stets offen halten sollte. Häufig können auch künftige Entwicklungen in beruflicher Hinsicht über so lange Zeiträume nicht abgesehen werden, so daß dringlich abzuraten ist, sich für so lange Zeit zu binden. Der Mieter macht sich unter Umständen schadensersatzpflichtig, wenn er vorzeitig aus dem Mietverhältnis ausscheidet und keinen geeigneten Nachmieter findet, der bereit ist, zu den gleichen vertraglichen Bedingungen mit dem Vermieter einen neuen Mietvertrag abzuschließen.

Wird eine derartige Kündigungsbeschränkung nicht vereinbart, so bleibt auch bei einer Staffelmietvereinbarung das dem Mieter zustehende Kündigungsrecht unberührt. Dies gilt für das ordentliche und außerordentliche Kündigungsrecht.

Während der Zeit des Staffelmietvertrages sind allgemeine Mieterhöhungen ausgeschlossen, wenn es sich nicht um Mieterhöhungen wegen Betriebskostensteigerungen handelt. Am Ende eines Staffelmietvertrages bleibt der dann gültige Mietzins in Kraft, bis eine neue Staffelmietvereinbarung getroffen wird oder der Vermieter die Miete nach den allgemeinen Vorschriften des Miethöhegesetzes erhöht. Allerdings muß die letzte Mieterhöhung nach dem Staffelmietvertrag ein Jahr in Kraft bleiben.

3. Grenze der Miethöhe

97   Die Miethöhe ist, sowohl was ihre erste Vereinbarung anbelangt, als auch bei einem Mieterhöhungsverfahren, durch § 5 Wirtschaftsstrafgesetz begrenzt. Nach der seit dem 1.1.1983 geltenden Neufassung des § 5 WiStG sind Mietentgelte unzulässig, wenn diese unangemessen hoch sind, d.h. die ortsübliche Vergleichsmiete nicht unwesentlich überschreiten. Dies gilt nicht für solche Entgelte, die zur Deckung der laufenden Aufwendungen des Vermieters erforderlich sind, sofern diese nicht in auffälligem Mißverhältnis zur Leistung des Vermieters stehen. Diese Einschränkung gilt seit dem 1.1.1983. Während die Grenze bis dahin bei 20 % über der ortsüblichen Vergleichs-

miete angesetzt wurde (OLG Stuttgart NJW 81, 2365 und OLG Hamburg WM 83, 20), meint das OLG Karlsruhe (NJW 84, 62), daß durch die Neufassung die Zulässigkeitsgrenze im praktischen Ergebnis auf 50 % über der ortsüblichen Vergleichsmiete angehoben wird.

Die ortsübliche Vergleichsmiete, die nicht wesentlich überschritten werden darf, ist so zu ermitteln, daß der Vermieter den Wohnraum mit solchen Wohnungen vergleicht, die nach objektiven Merkmalen wie Art, Größe, Ausstattung, Beschaffenheit, Lage und ähnlichen objektiven Merkmalen vergleichbar sind. Der Umstand, daß der vermietete Wohnraum von einer Wohngemeinschaft genutzt wird, ist bei dem Vergleich der Wohnungswerte nicht zu berücksichtigen (OLG Hamm, WM 83, 108).

Die Mieterhöhungsbegrenzung durch § 5 WiStG gilt nicht nur bei der ersten Vereinbarung einer Miete, sondern auch bei Mieterhöhungen nach § 3 MHG. (OLG Karlsruhe NJW 84, 62).

Hat der Vermieter vorsätzlich oder leichtfertig die gesetzliche Grenze der Miethöhe überschritten, so kann er mit einer Geldbuße bis zu DM 50.000 belegt werden. Im übrigen ist die Vereinbarung insoweit nichtig, als der Mietzins die ortsübliche Vergleichsmiete mehr als nur unwesentlich übersteigt (BGH WM 84, 68). Der BGH hat damit die bisherige Rechtsprechung der OLGe Stuttgart, Karlsruhe und Hamburg korrigiert, die im Falle einer Mietpreisüberhöhung die Vereinbarung für nichtig hielten, wenn der Mietzins die ortsübliche Vergleichsmiete übersteigt.

4. Unzulässige Mieterhöhungsvereinbarungen

a. Kündigungsandrohung

98   Gemäß § 1 Satz 1 MHG ist die Kündigung zum Zweck der Mieterhöhung ausgeschlossen. Es ist deshalb ein Mieterhöhungsverlangen, das mit einer Kündigungsandrohung verbunden ist, unwirksam (AG Köln WM 89, 81). Zahlt der Mieter unter dem Druck einer solchen Kündigungsandrohung die höhere Miete, so liegt darin keine freiwillige Mieterhöhungsvereinbarung (AG Mannheim WM 74, 25). Sie können getrost wieder die alte Miete bezahlen und darüber hinaus auch die zuviel bezahlten Beträge einbehalten.

b. Verkappte Mieterhöhung

99   Verboten sind auch alle Arten von verkappten Mieterhöhungen. Vermieter scheinen darin recht erfindungsreich zu sein. Das AG Düsseldorf (WM 74, 218) hatte einen Fall zu entscheiden, in dem der Vermieter berechtigt sein sollte, die vom Mieter zinslos hinterlegte Kaution einseitig zu erhöhen, wenn die Handwerkerkosten stiegen. Diese Klausel wurde als verkappte Mieterhöhung für nichtig erklärt.

c. Ausdrücklicher oder stillschweigender Ausschluß

100   Die Miete kann ebenfalls nicht erhöht werden, wenn das durch eine ausdrückliche oder stillschweigende Vereinbarung ausgeschlossen ist (§ 1 Satz 3 MHG). Ausdrückliche Vereinbarungen sind kein Problem; stillschweigende sind nicht immer als solche erkennbar. Einen Sonderfall nennt das Gesetz ausdrücklich: Bei Mietverträgen, die auf eine bestimmte Zeit zu einem festen Mietzins abgeschlossen sind, gilt eine Mieterhöhung als ausgeschlossen. Haben Sie in Ihrem Vertrag also z. B. stehen: ,,Das Mietverhältnis wird auf 3 Jahre abgeschlossen" oder ,,Das Mietverhältnis endet am 31.12.1986", so kann in dieser Zeit die Miete nur erhöht werden, wenn das ausdrücklich vorgesehen ist, etwa so:

> *,,Eine Mieterhöhung nach den Regeln des MHG gilt nicht als ausgeschlossen".*

Im Übrigen ist aber der Vermieter auch bei langfristigen Mietverträgen an den vereinbarten Mietzins gebunden. Er kann sich auch nicht auf die Geldentwertung berufen (AG Aachen WM 75, 41; BGH ZMR 70, 135). Ebensowenig kann er ein Mieterhöhungsverlangen darauf stützen, daß der Mieter sich in mehreren vorangegangenen Fällen freiwillig mit einer Mieterhöhung einverstanden erklärt hat, weil eine solche Einwilligung immer nur für den konkreten Fall gilt. Stillschweigend ausgeschlossen — und zwar für den Zeitraum der Verrechnung — ist die Mieterhöhung auch dann, wenn der Mieter bei Abschluß des Mietvertrages ein Mietdarlehen hingegeben hat (LG Hannover WM 80, 57).

5. Mieterhöhung zur Anpassung an die ,,ortsübliche Vergleichsmiete" gemäß § 2 MHG

a. frühestens nach einem Jahr

102   Der Vermieter kann die Mieterhöhung nur verlangen, wenn die bisherige Miete mindestens ein Jahr bestanden hat (§ 2 Abs. 1 MHG). Allerdings ist ein vor Ablauf der Jahresfrist gestelltes Mieterhöhungsverlangen, in dem eine Erhöhung ab einem Zeitpunkt nach Ablauf der Frist begehrt wird, nicht unwirksam (OLG Frankfurt WM 88, 144).

b. Schriftlichkeitserfordernis

103   Das Mieterhöhungsverlangen muß dem Mieter schriftlich, d.h. mit Unterschrift des Vermieters, zugehen. Für den Zugang ist der Vermieter beweispflichtig (LG Wiesbaden WM 87, 189). Lediglich bei automatisch erstellten Mieterhöhungsschreiben, wie sie z. B. große Wohnbaugesellschaften ausdrucken lassen, kann die persönliche Unterschrift des Vermieters fehlen (§ 8 MHG).

c. Begründung des Mieterhöhungsverlangens

104   Das Mieterhöhungsverlangen muß begründet sein. Wird nur einfach ohne Begründung eine höhere Miete verlangt, so können Sie das Schreiben völlig unbeachtet lassen. Es ist ungültig.

Die Begründung muß auch hinreichend klar und ausführlich sein. Sie müssen sich allein auf Grund des Schreibens ein Bild davon machen können, ob das Mieterhöhungsverlangen gerechtfertigt ist, ob also die verlangte Miete nicht höher als die „ortsübliche Vergleichsmiete" ist. Es genügt also nicht, wenn der Vermieter einfach behauptet, die Miete, die er jetzt verlange, entspräche der Ortsüblichkeit. Es genügt auch nicht, wenn er sich pauschal auf „allgemeine Preissteigerungen" (LG Gießen WM 75, 16; LG Köln WM 74, 10), auf „gestiegene Handwerkerlöhne" oder ähnliches beruft. Auch Bezugnahme auf Vermietungsanzeigen in der Zeitung genügen nicht.

Halten Sie ein Mieterhöhungsschreiben für unbegründet, so ist es zweckmäßig, dem Vermieter zu schreiben, etwa folgendermaßen:

> „Ihr Mieterhöhungsverlangen vom .... ist meines Erachtens ungültig, da es nicht ausführlich genug begründet ist. Ich bitte um Zusendung eines Schreibens, aus dem sich ohne weiteres ersehen läßt, daß die von Ihnen verlangte Miete ortsüblich ist."

Wann aber nun ist ein Mieterhöhungsschreiben genügend begründet? Wenn Sie sich, wie gesagt, allein auf Grund des Schreibens ein Bild davon machen können, ob die verlangte Miete die Ortsüblichkeit nicht übersteigt. Ortsüblichkeit heißt, daß die Miete „die üblichen Entgelte, die in der Gemeinde oder in vergleichbaren Gemeinden für nicht preisgebundenen Wohnraum vergleichbarer Art, Größe, Ausstattung, Beschaffenheit und Lage gezahlt werden, nicht übersteigt" (§ 2 Abs. 1 Ziff. 2 MHG). Nach dem seit dem 1.1.1983 geltenden MHG finden dabei nur solche Entgelte Berücksichtigung, die in den letzten drei Jahren vereinbart oder geändert worden sind. Hinsichtlich der Ausstattung und Beschaffenheit darf der Vermieter natürlich nicht die vom Mieter geleisteten Renovierungs- und Verbesserungsmaßnahmen berücksichtigen und beispielsweise den vom Mieter verlangten Teppichboden als wertbildenden Faktor für den Vergleichswohnraum heranziehen.

105   Das Gesetz nennt ausdrücklich drei Möglichkeiten, die Ortsüblichkeit der Vergleichsmiete nachzuweisen:

1. Mietspiegel, die von der Gemeinde oder von Hausbesitzer- und Mieterverbänden gemeinsam erstellt wurden.

2. Gutachten eines öffentlich bestellten oder vereidigten Sachverständigen,

3. die Angabe von Vergleichswohnungen.

Der Vermieter ist grundsätzlich darin frei, auf welche Art und Weise er die Mieterhöhung begründet. Im einzelnen gilt folgendes:

aa. Mietspiegel

105a Gemäß § 2 Abs. 2 MHG kann der Vermieter bei seiner Mieterhöhung auf die üblichen Entgelte in der Gemeinde oder in einer vergleichbaren Gemeinde verweisen, soweit die Übersicht über die Entgelte von der Gemeinde oder von Interessenvertretern der Vermieter und der Mieter gemeinsam erstellt oder anerkannt worden ist. Enthält diese Übersicht, der sogenannte Mietspiegel, Mietzinsspannen, so genügt es, wenn der verlangte Mietzins innerhalb der Spanne liegt. Der Vermieter muß also nicht mehr, wie nach früherem Recht, begründen, warum er innerhalb der Preisspanne den Höchstpreis für seine Wohnung verlangen will. Gemäß § 2 Abs. 5 MHG sollen die Gemeinden, soweit hierfür ein Bedürfnis besteht und dies mit einem für sie vertretbaren Aufwand möglich ist, Mietspiegel erstellen. Diese sollen im Abstand von zwei Jahren der Marktentwicklung angepaßt werden. Liegt jedoch im Zeitpunkt des Erhöhungsverlangens ein Mietspiegel dieser Art nicht vor, so führt gemäß § 2 Abs. 6 MHG die Verwendung anderer Mietspiegel, insbesondere auch die Verwendung veralteter Mietspiegel, nicht zur Unwirksamkeit des Mieterhöhungsverlangens.

Der Mietspiegel, auf den sich das Mieterhöhungsverlangen stützt, muß diesem grundsätzlich beigefügt werden. Dies gilt allerdings dann nicht, wenn der Mietspiegel allgemein bekannt (AG Köln WM 77, 55) oder allgemein zugänglich (LG Nürnberg-Fürth WM 88, 279) ist. Wird ein Mietspiegel, der weder allgemein bekannt, noch allgemein zugänglich und erhältlich ist, dem Erhöhungsverlangen nicht beigefügt, so ist dieses unwirksam.

bb. Sachverständigengutachten

105b Stützt sich das Erhöhungsverlangen auf ein Sachverständigengutachten, so muß dieses mit dem Erhöhungsschreiben mitgeliefert werden (AG Bochum WM 81, U2). Das vorgelegte Gutachten muß nachvollziehbare, konkrete Feststellungen treffen, aus denen sich ergibt, daß der erhöhte Mietzins der ortsüblichen Vergleichsmiete entspricht (LG Mannheim WM 78, 131). Zwar braucht das Gutachten Angaben über Vergleichswohnungen nicht zu enthalten (OLG Frankfurt ZMR 82, 22), jedoch muß wenigstens zu erkennen sein, daß dem Sachverständigen Vergleichswohnungen und deren Mietpreise auf dem örtlichen Wohnungsmarkt in ausreichender Zahl bekannt sind, und daß er die zu beurteilende Wohnung in vergleichender Abwägung in das Mietpreisgefüge der Vergleichswohnungen eingeordnet hat (OLG Karlsruhe WM 83, 133).

Es genügt jedenfalls nicht, wenn der Sachverständige ausführt, er bemesse die ortsübliche und vergleichbare Miete aufgrund seiner Berufserfahrung und Kenntnis des örtlichen und regionalen Wohnungsmarktes, die auf der Beobachtung anderer Mietobjekte und der marktmäßigen Preisgestaltung und den Angeboten durch die Presse beruhe. Unter diesen Voraussetzungen ist das Erhöhungsverlangen nicht hinreichend begründet und damit unwirksam. Ein Gutachten entspricht auch dann nicht den Anforderungen des § 2 MHG, wenn es von nicht marktorientierten Gesichtspunkten ausgeht (AG Lübeck WM 77, 59). In der Regel ist es auch dann unwirksam, wenn der Sachverständige die Wohnung, deren Miete erhöht werden soll, nicht selbst besichtigt hat (AG Hannover WM 81, U2). Die Einholung eines Sachverständigengutachtens zur Beurteilung der Wohnlage ist unzulässig (AG Hamburg WM 81, U2).

cc. Vergleichswohnungen

105c   Der Vermieter kann sein Erhöhungsverlangen auch mit dem Hinweis auf entsprechende Entgelte für einzelne vergleichbare Wohnungen begründen. Nach überwiegender Auffassung genügt es, daß der Vermieter drei Vergleichsmieten aus seinem eigenen Vermietungsbestand, und sogar aus demselben Haus, in dem sich die betreffende Wohnung befindet, angibt (OLG Frankfurt WM 84, 123; OLG Karlsruhe WM 84, KG WM 84, 73).

Der Mieter hat das Recht, die vom Vermieter benannten Vergleichswohnungen anzusehen. Dem Mieter sind deshalb Informationen über Namen des Wohnungsinhabers, Adresse, Geschoß und Quadratmeterpreis zu übermitteln (BVerfG WM 79, 6; WM 89, 62, 63). Fehlen diese Angaben, so ist das Mieterhöhungsverlangen nur wirksam, wenn die Vergleichswohnungen so genau bezeichnet sind, daß sie ohne weitere Nachfragen identifizierbar sind (BGH WM 82, 324; LG Berlin WM 87, 226). Ist die Wohnung nicht auffindbar, gilt sie als nicht benannt (LG Kaiserslautern ZMR 86, 363).

Die Vergleichswohnungen müssen mit der Bezugswohnung in den wesentlichen Wohnwertmerkmalen übereinstimmen. Nicht vergleichbar sind z. B. Wohnungen in einem Hochhaus und einem Zweifamilienhaus (AG Wolfsburg WM 85, 303), Dachgeschoßwohnungen mit Schrägen und Normalwohnungen (AG Wolfenbüttel WM 86, 343), Alt- und Neubauten, Villen und Industrievorortwohnungen.

Vergleichswohnungen, die diesen Kriterien nicht genügen, gelten als nicht benannt. Wird die Zahl von drei Vergleichswohnungen unterschritten, ist das Mieterhöhungsverlangen unwirksam.

d. Die sogenannte Kappungsgrenze

106   Die Mieterhöhung ist nur dann zulässig, wenn der verlangte Mietzins sich innerhalb eines Zeitraumes von drei Jahren nicht um mehr als 30 % erhöht. Maßgeblicher Zeitpunkt für die Rückrechnung ist das Wirksamwerden der jetzt begehrten Mieterhöhung (LG München II ZMR 86, 57). Mieterhöhungen, die während der Dreijahresfrist vorgenommen sind, bleiben bei der Berechnung grundsätzlich außer Betracht. Etwas anderes gilt nur für Mieterhöhungen nach §§ 3-5 MHG.

Beispiel: Der Vermieter will die Miete mit Wirkung vom 01.06.1990 von DM 600 auf DM 800 erhöhen. Betrug die Miete am 01.06.1987 ebenfalls schon DM 600, so liegt die Kappungsgrenze bei DM 600 plus 30 % gleich DM 780. Das Erhöhungsverlangen ist also nur bis zu diesem Betrag begründet. Lag die Miete am 01.06.1987 bei DM 500, beträgt die Kappungsgrenze DM 650. Der Vermieter könnte also nur von DM 600 auf DM 650 erhöhen. Die zwischenzeitliche Mieterhöhung bleibt außer Betracht.

Die Kappungsgrenze gilt auch nach dem Wegfall der Preisbindung beim erstmaligen Übergang von der Kostenmiete zur ortsüblichen Vergleichsmiete (BVerfG WM 86, 101).

e. Vorgehen beim Erhalt eines Mieterhöhungsverlangens

106a   Das Mieterhöhungsverlangen ist nur dann wirksam, wenn es den genannten Anforderungen entspricht und die 30%-Kappungsgrenze nicht übersteigt. Was tun Sie, wenn Sie ein wirksames Mieterhöhungsschreiben erhalten? Zunächst haben Sie eine Überlegungs- und Prüfungsfrist bis zum Ende des zweiten Kalendermonats nach Zugang des Schreibens (z.B. Zugang irgendwann im Mai; Frist bis 31. Juli). In dieser Zeit können Sie überlegen, ob Sie das Mieterhöhungsverlangen akzeptieren oder nicht. Danach haben Sie 3 Möglichkeiten.

(1) Sie stimmen zu, weil Ihnen die verlangte Miete angemessen und ortsüblich oder auch nur, weil Ihnen ein Prozeß zu riskant erscheint. Dann schulden Sie die neue Miete von Beginn des 3. Monats nach Zugang des Mieterhöhungsschreibens an (in obigem Beispiel also ab 1. August).

(2) Sie verweigern die Zustimmung, weil Sie die Forderung für überhöht halten. Auch wenn Sie nicht reagieren, gilt das als Verweigerung. Nun ist der Vermieter wieder dran. Er kann Sie binnen weiterer 2 Monate nach Ablauf der Überlegungsfrist auf Zahlung der höheren Miete verklagen (im Beispiel also in der Zeit vom 1. August bis 30. September).

In diesem Fall prüft das Gericht, ob das Mieterhöhungsverlangen des Vermieters gerechtfertigt ist. Bejaht das Gericht diese Frage, werden Sie also verurteilt, so schulden Sie die neue Miete vom 3. Monat nach Zugang des Mieterhöhungsschreibens an (im Beispiel also ab 1. August).

Ist das Mieterhöhungsverlangen unwirksam, so kann entgegen der früheren Rechtslage der Vermieter im Rechtsstreit die Tatsachen vortragen, die das Erhöhungsverlangen wirksam machen. Das unwirksame Erhöhungsverlangen ist dann geheilt. Auch in diesem Fall hat der Mieter die vorhin genannte Zustimmungsfrist. Stimmt der Mieter dem neuen Erhöhungsverlangen innerhalb der Überlegungsfrist zu, so ist der Rechtsstreit in der Hauptsache erledigt, so daß der Vermieter gemäß §§ 91a, 93 ZPO die Kosten des Rechtsstreits zu tragen hat, da die ursprüngliche Klage unbegründet war. Wer also ein unbegründetes Mieterhöhungsverlangen erhält, geht kein Kostenrisiko ein, wenn er nur im richtigen Augenblick, d.h. dann, wenn das Mieterhöhungsverlangen begründet ist, diesem zustimmt.

(3) Sie können auf das Mieterhöhungsschreiben auch durch Kündigung reagieren, und zwar stellt das MHG dem Mieter, von dem eine Mieterhöhung verlangt wird, ein außerordentliches Kündigungsrecht zur Verfügung. Sie können bis zum Ablauf des 2. Monats, der auf den Zugang des Mieterhöhungsschreibens folgt, für den Ablauf des übernächsten Monats kündigen, § 9 Abs. 1 Satz 1 MHG. Beispiel: Zugang des Schreibens im Mai, Kündigung möglich bis 31. Juli, das Mietverhältnis endet dann zum 30. September. Die verlangte Mieterhöhung tritt nicht ein.

Angesichts der Wohnmarktlage wird dieses Kündigungsrecht allerdings in der Regel eine stumpfe Waffe in der Hand des Mieters sein.

6. Mieterhöhung wegen baulicher Veränderung gemäß § 3 MHG

107   Hat der Vermieter Verbesserungs- und Modernisierungsarbeiten an der Wohnung vornehmen lassen, so kann er das dafür aufgewendete Geld über eine Mieterhöhung wieder hereinholen.

Wenn er allerdings zur Modernisierung seiner Wohnungen Förderungsmittel der öffentlichen Hand z.B. nach dem Modernisierungs- und Energieeinsparungsgesetz (ModEnG) in Anspruch nimmt, so sind diese finanziellen Unterstützungen des Staates an den Mieter weiterzugeben und je nach Art der Förderung nach festgelegten Grundsätzen (§ 3 Abs. 1 MHG) von den gesamten Modernisierungskosten in Abzug zu bringen.

Die früher herrschende Meinung in der Rechtsprechung, daß für eine solche Mieterhöhung der Mieter mit der Modernisierung einverstanden sein müsse (z. B. LG Hamburg WM 78, 34), läßt sich nicht mehr aufrechterhalten. Gerichte (OLG Hamburg WM 81, 127 und OLG Hamm WM 81, 129) haben entschieden, daß für eine Mieterhöhung nach § 3 MGH es nicht Voraussetzung sei, daß der Mieter der Modernisierung zugestimmt hat.

Aus der Duldung der Modernisierungsarbeiten durch den Mieter, zu welcher dieser mit verschiedenen Einschränkungen (vgl. unten) verpflichtet ist, kann noch nicht auf eine gleichzeitige Zustimmung zur nachträglichen Mieterhöhung geschlossen werden.

Der Vermieter kann nach Modernisierungsarbeiten, also auf zweierlei Weise, die Miete erhöhen.

Die Kosten der Modernisierung kann der Vermieter einmal, wie soeben bei Rdnr. 98 ff. beschrieben, dadurch auf die Mieter abwälzen, daß er die Miete auf das ortsübliche Maß anhebt; denn durch die Modernisierungsmaßnahmen hat sich ja der Wert der Wohnung und damit der Mietpreis, der dafür verlangt werden kann, erhöht.

Der Vermieter kann die Erhöhung der Miete aber auch einseitig erklären, indem er die eigenen Aufwendungen der Modernisierung anteilmäßig auf die Mieter umlegt.

Bei geförderten Maßnahmen nach dem ModEnG ist der Vermieter verpflichtet, sich für eine von der Art der Förderung abhängige Laufzeit auf eine der soeben genannten Erhöhungsalternativen zu beschränken.

Dies wird vor allem relevant, wenn innerhalb dieser Laufzeiten ein neues Mietverhältnis gegründet wird.

Wären der ersten drei Jahre nach Beendigung der Modernisierung ist die o. g. Verpflichtung auch bei neuen Mietverhältnissen bindend. Danach ist die Mieterhöhungsmöglichkeit beschränkt:

— bei Zuschüssen zur Deckung der laufenden Aufwendungen für die Dauer der Laufzeit der öffentlichen Förderung;

— bei Zuschüssen zur Deckung der Kosten bis zum Ablauf des 9. Kalenderjahres nach dem Kalenderjahr, in welchem die Modernisierung beendet wurde;

— bei Darlehen bis zur vollständigen Tilgung der Förderungsmittel.

Diese Beschränkung kann der Vermieter nur dadurch umgehen, daß er auf zukünftige Beihilfen verzichtet oder bereits erhaltene Mittel nach bestimmten Regeln zurückzahlt.

Eine dadurch unzulässige Mieterhöhung gibt dem Mieter einen Rückzahlungsanspruch (§ 16 ModEnG) und kann zur Folge haben, daß der Vermieter die bereits erhaltenen Förderungsmittel zurückzahlen muß (§ 18 ModEnG).

a. Art der baulichen Veränderung

108   Es muß sich um bauliche Veränderungen handeln, die dem Bewohner mittelbar oder unmittelbar zugute kommen. Das ist nach dem Gesetz der Fall, wenn

1. der Gebrauchswert der Wohnung nachhaltig erhöht wird (z. B. Ofenheizung wird durch Zentralheizung ersetzt),
2. die allgemeinen Wohnverhältnisse auf Dauer verbessert werden (z. B. Fahrstuhl wird eingebaut),
3. bauliche Veränderungen notwendig werden, für die der Vermieter nichts kann (z. B. Anschluß an die Kanalisation, Umstellung auf Erdgas).

Vorsicht! Nicht jede Verbesserung kann auf diese Weise umgelegt werden. Nicht in Frage kommen Instandhaltungs- oder gar Instandsetzungsarbeiten, die ohnehin nötig waren, und die nicht der Erhöhung des Gebrauchswertes, sondern nur seiner Erhaltung dienen. Beispiel: Total undichte Fenster werden erneuert, ein morscher Bretterfußboden wird ausgewechselt. Hier hat der Vermieter, der ohnehin zur Reparatur verpflichtet ist und bei dieser Gelegenheit gleichzeitig eine Modernisierung vornimmt, die Kosten, die die Reparatur zur Folge gehabt hätte, selbst zu tragen und kann nur den Differenzbetrag zwischen Reparatur und Modernisierung auf die neue Miethöhe umlegen; z. B. Ersatz schadhafter Fenster durch Fenster mit Isolierverglasung (AG Kiel WM 79, 128; AG Flensburg WM 79, 128; OLG Celle NJW 81, 1625).

Bei den baulichen Veränderungen, die nach dem ModEnG gefördert werden, handelt es sich vor allem um nachhaltige Verbesserungen

— des Wohnungszuschnitts
— der Belichtung und Belüftung
— des Schallschutzes
— der Energie-, Wasser- und Abwasserversorgung
— der sanitären Einrichtungen
— der Beheizung und der Kochmöglichkeiten
— der Diebstahlsicherungen
— der Maßnahmen zur Einsparung von Heizenergie.

Während die privat finanzierten Verbesserungs- und Modernisierungsarbeiten einer eingeschränkten Duldungspflicht bis zur Zumutbarkeitsgrenze (§ 541 a Abs. 2 BGB) unterliegen, ist die Verpflichtung des Mieters, o. g. Modernisierungsmaßnahmen, welche öffentlich gefördert werden, zu dulden, erweitert.

Die Bewilligung staatlicher Finanzierungshilfen nach dem ModEnG hat also zur Folge, daß Sie diese Modernisierungsmaßnahmen nur dann nicht dulden müssen, wenn diese für Sie oder Ihre Familie eine Härte bedeuten würden (§ 20 ModEnG).

Es kann also der Einbau einer Zentralheizung 9 Monate vor Beendigung des Mietverhältnisses unzumutbar sein (AG Osnabrück WM 77, 140 und WM 77, 167), während dieser Zeitraum zur Bejahung einer Härte sicher kürzer sein kann. Vor allem bei privat-finanzierten Modernisierungsarbeiten kann u.U.

auch die damit verbundene finanzielle Mehrbelastung für den Mieter unzumutbar sein. In einer umstrittenen Entscheidung (WM 81, U 12) hat das AG Hagen eine Duldungspflicht wegen Unzumutbarkeit verneint, weil der Mieter aufgrund der erhöhten Miete gezwungen gewesen wäre, eine andere Wohnung zu suchen. Ähnlich hat das AG Dortmund eine Unzumutbarkeit bejaht, weil sich der Mietzins wegen eines Fenstereinbaus auf mehr als ein Viertel des Nettogehalts der Beklagten erhöht hätte.

Keinesfalls muß der Mieter eine Modernisierungsmaßnahme dulden, wenn die Art der Nutzung seiner Wohnung völlig geändert würde (AG Dortmund WM 80, 9), weshalb die Vermieter hier oftmals versuchen, den Mieter ,,hinauszumodernisieren'' und die Kündigung wegen Verhinderung einer angemessenen wirtschaftlichen Verwertung (§ 564b Abs. 2 Nr. 3 BGB) aussprechen (vgl. unten Rdnr. 191 ff.). Nach der Entscheidung des LG Braunschweig WM 82, 208 ist eine Modernisierung gemäß § 541 a BGB unzumutbar, wenn die Miete 143 DM beträgt und nach umfassenden Modernisierungsarbeiten um 304 DM erhöht werden soll.

In der Rechtsprechung ist es sehr umstritten, ob der Mieter den Anschluß der Wohnung an eine Kabelfernsehanlage zu dulden hat. (vgl. zwei Urteile des AG Tempelhof-Kreuzberg WM 83, 260). Eine herrschende Meinung zu diesem Problem hat sich noch nicht herausgebildet. Z.Zt. wird man wohl annehmen müssen, daß eine Wohnwertverbesserung, d.h. ein auf dem Wohnungsmarkt meßbar honoriertes Ausstattungsmaterial, im Anschluß an das Kabelfernsehnetz nicht gesehen werden kann, der Vermieter aus diesem Grund also die Miete nicht erhöhen kann. Mit dem zunehmenden Ausbau des Kabelfernsehnetzes und der zunehmenden Möglichkeit seiner Benutzung wird sich dies allerdings ändern.

b. Erhöhungsbetrag

109   Liegen aber Verbesserungsarbeiten der oben beschriebenen Art vor, so kann der Vermieter 11 % der Kosten, die er dafür aufgewendet hat (also abzüglich der staatlichen Zuschüsse), auf die Jahresmiete aufschlagen. Bei öffentlich geförderten Modernisierungsmaßnahmen ist dann der Vermieter für die Laufzeit der Förderung (vgl. oben Rdnr. 107) auf diese Mieterhöhungsmöglichkeit beschränkt.

Beispiel:

Ihr elektrischer Durchlauferhitzer im Badezimmer ist defekt und müßte vom Vermieter erneuert werden. Dieser läßt Zentralheizung mit Warmwasserversorgung einbauen und erhält Zuschüsse nach dem ModEnG.

Baukosten	DM 14.000,--
⅄ ersparte Neuanschaffung eines Boilers	DM 1.000,--
⅄ staatlicher Zuschuß DM 3.000	DM 3.000,--

Aufwendung des Vermieters	DM 10.000,--
11 % davon	DM 1.100,--

Die Jahresmiete darf also um DM 1.100 erhöht werden. Das kommt einer stattlichen Erhöhung der Monatsmiete von DM 91,66 gleich.

Sind Arbeiten für mehrere Wohnungen oder für das ganze Haus erbracht worden (Lift, Kanalisation, Zentralheizung), so ist die Erhöhung anteilig auf die Mieter umzulegen. Dies gilt auch, wenn staatliche Zuschüsse nicht für eine bestimmte Wohnung gewährt wurden.

Der Vermieter kann, wie gesagt, nicht die gesamten Baukosten auf die Mieter umlegen, sondern muß sich die ersparten fiktiven Reparaturkosten, Zuschüsse und Zinsersparnisse durch die Gewährung staatlicher Finanzierungshilfen anrechnen lassen, ebenso Mieterdarlehen, Mietvorauszahlungen und Zuwendungen Dritter.

c. Informationspflicht

110   Der Vermieter soll dem Mieter vor Durchführung der Bauarbeiten die voraussichtlich entstehenden Kosten und die sich daraus ergebende Mieterhöhung mitteilen (§ 3 Abs. 2 MHG), bei Inanspruchnahme öffentlicher Mittel nach dem ModEnG ist wegen der erweiterten Duldungspflicht ein förmliches Verfahren vorgesehen, wonach der Vermieter dem Mieter zwei Monate vor der Durchführung der Modernisierung deren Art und Umfang schriftlich verbindlich mitteilen und dabei den geplanten Beginn und die voraussichtliche Dauer sowie die sich voraussichtlich ergebende Mieterhöhung angeben muß. Solange der Vermieter dieser förmlichen Hinweispflicht nicht nachkommt, ist der Mieter auch nicht zu der nach § 20 ModEnG erweiterten Duldung verpflichtet (LG Hannover WM 81, 38).

d. Schriftwechselerfordernis

111   Sind die Arbeiten durchgeführt, und will der Vermieter nun die Miete erhöhen, so muß er den Anspruch schriftlich geltend machen. Diese schriftliche Erklärung muß genau darlegen, welche Kosten entstanden sind, welche Vergünstigungen davon abzuziehen sind und wie sich der auf den einzelnen Mieter entfallende Erhöhungsbetrag errechnet. Eine Mieterhöhungserklärung, die diese Voraussetzungen nicht erfüllt, ist unwirksam.

Da es sich in der Regel um namhafte Erhöhungsbeträge handeln wird, kann nur empfohlen werden, auf genauer Erfüllung dieser Voraussetzungen zu bestehen. Lassen Sie sich nicht auf ungenaue Berechnungen ein: scheuen Sie sich nicht vor Rückfragen, wenn Ihnen an der Berechnung etwas unklar ist. Falls die Modernisierungsarbeiten unter Inanspruchnahme öffentlicher Gelder durchgeführt wurden, gibt Ihnen möglicherweise auch die für die Bewilligung dieser Förderungsmittel zuständige Behörde Auskunft über die Richtigkeit des Mieterhöhungsverlangens, da diese Behörde die geleisteten Mittel zurückfordern kann, falls der Vermieter eine ungerechtfertigte Mieterhöhung verlangt (§ 18 ModEnG) und insofern eine Interessengleichheit besteht.

e. Beginn der Erhöhung

112 Entspricht die Erhöhung den genannten Anforderungen, so müssen Sie den erhöhten Mietzins erstmals für den auf die Erklärung folgenden Monat bezahlen; geht die Erklärung erst nach dem 15. eines Monats bei Ihnen ein, so schulden Sie die höhere Miete erst vom übernächsten Monat an. Diese Fristen verlängern sich in folgenden Fällen um drei Monate (§ 3 Abs. 4 MHG):

1. Wenn der Vermieter seiner bei Rdnr. 110 beschriebenen Pflicht nicht nachgekommen ist, wenn er Sie also nicht zuvor mit dem Bauvorhaben, den voraussichtlichen Kosten und der voraussichtlichen Mieterhöhung unterrichtet hat. Sie können also nicht von einem zum anderen Monat mit der Mieterhöhung überfallen werden.

2. Wenn der Vermieter die voraussichtliche Erhöhung zwar mitgeteilt hat, die tatsächliche Mieterhöhung aber die Voraussage um mehr als 10 % übersteigt.

f. Sonderkündigungsrecht

113 Bei einer Mieterhöhung wegen Baumaßnahmen haben Sie ein Sonderkündigungsrecht nach § 9 Abs. 1 MHG. Bei öffentlich geförderten Modernisierungsarbeiten besteht dieses Sonderkündigungsrecht nicht erst im Falle des Mieterhöhungsverlangens, sondern bereits nach Zugang des Hinweisschreibens nach § 20 Abs. 2 ModEnG.

Im ersten Fall können Sie das Mietverhältnis spätestens am 3. Werktag des Monats, von dem an die höhere Miete bezahlt werden soll, zum Ende des übernächsten Monats kündigen.

Beispiel: Die Mieterhöhungserklärung geht am 10. Mai bei Ihnen ein, die Erhöhung tritt an sich am 1. Juni in Kraft. Bis spätestens zum 3. Juni können Sie kündigen, und zwar zum 31. August. Kündigen Sie, so tritt die Mieterhöhung nicht ein.

Für den Fall, daß Ihnen der Vermieter nach § 20 Abs. 2 ModEnG die Modernisierungsabsichten, deren Beginn und Dauer und die voraussichtlichen Kosten schriftlich mitteilt, können Sie bereits vor Durchführung der Baumaßnahmen kündigen, welche dann erst nach Ihrem Auszug begonnen werden dürfen. Kündigen können Sie bis zum Ablauf des Monats, der auf den Zugang der Mitteilung folgt, für den Ablauf des nächsten Monats. Beispiel: Am 10. Mai erhalten Sie ein Schreiben Ihres Vermieters, in welchem Ihnen die Modernisierungsabsichten usw. mitgeteilt werden. Bis spätestens 30. Juni können Sie zum 31. Juli kündigen.

Selbstverständlich muß die Kündigung (wie immer) schriftlich erfolgen. Achten Sie dabei bitte auch darauf, daß das Kündigungsschreiben von allen im Mietvertrag aufgeführten Mietern unterschrieben ist.

Dem Vermieter geben Modernisierungsarbeiten, mögen sie noch so umfangreich sein, kein Kündigungsrecht (LG Darmstadt WM 83, 236). Im Rahmen seiner Duldungspflicht ist der Mieter allenfalls verpflichtet, sich vorübergehend eine andere Unterkunft zu suchen (AG Augsburg WM 83, 236). Danach ist der Vermieter verpflichtet, den Mieter wieder in die alte Wohnung zu lassen.

7. Mieterhöhung bei preisgebundenem Wohnraum

114   Hat der Vermieter den Wohnraum unter staatlicher Förderung (Wohnungsbaugesetz) geschaffen, so ist er u.U. verpflichtet, nur an bestimmte und von der Bewilligungsbehörde benannte Mieter zu vermieten und bzgl. des Mietzinses eine preisliche Obergrenze einzuhalten.

Ist der Vermieter verpflichtet, für einen festgelegten Zeitraum nur solche Mieter aufzunehmen, die eine Bescheinigung der Behörde über die Wohnberechtigung vorlegen können, so sind die übrigen Personen von einer Anmietungsmöglichkeit ausgeschlossen.

Hat Ihnen der Vermieter verschwiegen, daß er aufgrund öffentlicher Förderung nur an diesen bestimmten Personenkreis vermieten darf und gehören Sie diesem von der Einkommensgrenze abhängigen (§ 5 WoBindG) Personenkreis nicht an, so kann die Behörde von Ihnen die Räumung der öffentlich geförderten Wohnung verlangen. Angesichts des knappen Wohnraumes sind dann die Schadensersatzansprüche gegen den Vermieter nur ein schwacher Trost.

Deshalb steht Ihnen nach § 18 WoBindG ein Auskunftsanspruch gegenüber der Behörde zu, ob die Wohnung, die Sie mieten wollen, eine neugeschaffene öffentlich geförderte Wohnung ist. Von diesem Auskunftsanspruch sollten Sie in Anbetracht des behördlichen Räumungsanspruches im Zweifel immer Gebrauch machen.

a. Mieterhöhung im einzelnen

115 Anhand einer einigermaßen komplizierten „Wirtschaftlichkeitsberechnung" errechnet die Behörde die sog. „Kostenmiete" für den preisgebundenen Wohnraum. Diese Kostenmiete legt die obere Grenze des Mietzinses fest und dient der Deckung der laufenden Aufwendungen des Vermieters. Da Sie bei Abschluß des Mietvertrages auch aus einer vom Vermieter vorgelegten Wirtschaftlichkeitsberechnung nur unter großen Mühen die zulässige Kostenmiete selbst errechnen können, empfiehlt sich auch hier die Einholung einer Auskunft bei der Bewilligungsbehörde, die auf Ihr Verlangen die Mietzinsforderung zu überprüfen hat (§ 8 Abs. 4 WoBindG).

Erhöhen sich die laufenden Aufwendungen, so ist der Vermieter berechtigt, auf der Grundlage einer neuen Wirtschaftlichkeitsberechnung vom Mieter die erhöhte Kostenmiete zu verlangen (§ 8 a Abs. 3 WoBindG).

Das Mieterhöhungsverlangen ist nur wirksam, wenn

a. die Schriftform eingehalten ist

b. die Erklärung einen bestimmten Betrag nennt, um den die Miete erhöht werden soll,

c. die Mieterhöhung berechnet und erläutert ist und

d. eine Wirtschaftlichkeitsberechnung oder vergleichbare Unterlagen beigefügt sind (§ 10 WoBindG).

Die Zusammensetzung der Miete muß verständlich und aus dem Mieterhöhungsverlangen selbst nachvollziehbar sein (LG Itzehoe WM 86, 184). Die einer Mieterhöhungserklärung beigefügte Wirtschaftlichkeitsberechnung ersetzt daher weder die erforderliche Berechnung durch den Vermieter noch die geforderte Erläuterung der Erhöhung (LG Berlin WM 88, 214).

Hat der Mieter aufgrund einer unwirksamen Mieterhöhungserklärung des Vermieters höhere Miete bezahlt, kann er diese Beträge zurückverlangen (OLG Karlsruhe WM 86, 166).

Da die Überprüfung des Mieterhöhungsverlangens für den Laien auch dann schwer nachprüfbar bleibt, wenn die formellen Voraussetzungen eingehalten sind, empfiehlt sich die Einholung einer Auskunft bei der Bewilligungsbehörde. Dies ist der beste Weg, das Mieterhöhungsverlangen auf seine Begründetheit hin überprüfen zu lassen.

b. Wann ist erhöhte Miete zu zahlen?

116 Ist das Erhöhungsverlangen wirksam, so schulden Sie die erhöhte Miete
— bei Zugang des Schreibens **vor** dem 15. eines Monats zum folgenden Monatsersten.
— bei Zugang des Schreibens **nach** dem 15. eines Monats zum übernächsten Monatsersten.

Wie gesagt: Scheuen Sie nicht den Gang zur Bewilligungsbehörde, die Ihnen ja als die die Bescheinigung ausstellende Stelle bekannt ist, und lassen Sie dort im Zweifel den Mietzins und Mietzinserhöhungen auf ihre Wirksamkeit hin überprüfen.

IV. Nebenkosten

117   Nebenkosten sind Aufwendungen, die beim Betrieb und der Nutzung eines Grundstücks und seiner Anlage und Einrichtungen laufend anfallen. Was genau zu den Nebenkosten zählt, läßt sich kaum erschöpfend aufzählen. Auf jeden Fall zählen zu den Nebenkosten die ,,Betriebskosten'' im Sinne des § 27 Abs. 1 der Berechnungsverordnung. Diese Verordnung ist in der von uns empfohlenen Textausgabe des dtv-Verlages unter Nr. 16 abgedruckt. Dennoch seien hier die wichtigsten dort genannten Betriebskosten aufgezählt: die laufenden öffentlichen Lasten des Grundstücks, die Kosten der Wasserversorgung, die Kosten des Betriebs der zentralen Heizungsanlage, der zentralen Brennstoffversorgungsanlage oder der Versorgung mit Fernwärme, die Kosten des Betriebs der zentralen Warmwasserversorgungsanlage, der Versorgung mit Fernwarmwasser oder der Reinigung und Wartung von Warmwassergeräten, die Kosten des Betriebes des Personen- und Lastenaufzugs, der Straßenreinigung und Müllabfuhr, der Entwässerung, der Hausreinigung und Ungezieferbekämpfung, der Gartenpflege, der Beleuchtung, der Schornsteinreinigung, der Sach- und Haftpflichtversicherung, die Kosten für den Hauswart (nicht jedoch für den Verwalter, vgl. AG Köln WM 82, 195 und AG Freiburg WM 82, 215), die Kosten des Betriebs der maschinellen Wascheinrichtung.

Zu den wichtigsten in Mietverträgen ausdrücklich genannten Nebenkosten gehören Heiz- und Warmwasserkosten; sie werden bei Rdnr. 130 ff. gesondert behandelt.

1. Wer trägt die Nebenkosten?

118   Wer die Nebenkosten zu tragen hat, richtet sich nach der vertraglichen Vereinbarung. Wenn im Mietvertrag nichts über Nebenkosten vereinbart ist, so trägt sie der Vermieter, da er die Mietsache in gebrauchsfertigem Zustand zu erhalten und die Lasten des Grundstücks zu tragen hat (§ 535 Satz 1, 536 und 546 BGB); genauer gesagt: Wenn im Mietvertrag nichts über Nebenkosten vereinbart ist, so sind die Nebenkosten als im Mietzins enthalten und mit ihm abgegolten anzusehen (OLG Stuttgart, WM 83, 285).

In den meisten Mietverträgen werden einzelne, besonders ins Gewicht fallende Nebenkosten neben der Grundmiete aufgeführt und sind vom Mieter gesondert zu entrichten. **Grundregel:** Sie müssen nur ausdrücklich vereinbarte Nebenkosten tragen. Ungenaue Formulierungen gehen zu Lasten des Vermieters (AG Heidelberg WM 81, U 22). Die Formulierung „Der Mieter trägt die Nebenkosten" z. B. ist unbestimmt und daher unwirksam (AG Ratingen ZMR 72, 79), ebenso die Formulierung, der Mieter habe die Nebenkosten gemäß „deutschem Einheitsmietvertrag neuester Fassung" zu tragen (AG Düsseldorf WM 74, 81). „Kosten für Wasser" sind im Zweifel nur die Kosten für Frisch-, nicht auch für Abwasser (LG Stuttgart WM 74, 256). Ist vereinbart, daß der Mieter die „üblichen Hausabgaben" zu bezahlen habe, so gehört hierzu nicht die Grundsteuer (OLG Celle WM 83, 291). Es sind zwei Formen üblich, in denen die Nebenkosten erhoben werden.

a. Echte Pauschalzahlung

119   Sie zahlen eine (echte) Pauschale: Damit sollen Sie unabhängig von den tatsächlich anfallenden Kosten einen Betrag zu den Nebenkosten leisten. Wenn also die tatsächlich entstehenden Kosten höher sind, als die von Ihnen bezahlten Beträge, so kann der Vermieter trotzdem keine Nachzahlung fordern, selbst dann nicht, wenn die Kosten um 100% gestiegen sind (AG Bad Oldesloe WM 80, 235). Ist im Vertrag nichts darüber gesagt, daß abgerechnet wird, so spricht das für eine solche echte Pauschale. Spricht also der Wortlaut des Mietvertrages nur von einer „Pauschale", so trägt der Vermieter die Beweislast dafür, daß nach dem Willen der Parteien keine Pauschale, sondern eine abzurechnende Vorauszahlung vereinbart worden sei (LG Mannheim WM 77, 8).

b. Vorauszahlung

120   Anders ist es, wenn Sie lediglich eine „Vorauszahlung" entrichten. Hier wird nach einem bestimmten Zeitraum (meist jährlich) mit den tatsächlich angefallenen Kosten verrechnet. Liegen die von Ihnen erbrachten Zahlungen darunter, so müssen Sie nachzahlen. Zu beachten ist, daß der Vermieter keinen Anspruch auf Nebenkostenvorauszahlung hat, wenn der Mieter bereits vor Ablauf der Kündigungsfrist auszieht, da nach dem Auszug Nebenkosten für den Mieter nicht mehr entstehen können (LG Essen WM 80, 178).

2. Abrechnung der Nebenkosten

121   Erbringen Sie „Vorauszahlungen" (oben b), so ist der Vermieter verpflichtet, regelmäßig abzurechnen. Für die Betriebskosten, wie sie in der Einleitung

genannt sind, ist gesetzlich vorgesehen, daß jährlich abgerechnet werden muß (§ 4 Abs. 1 MHG).

Wohnen mehrere Mietparteien im Haus, so muß ein angemessener Umlegungsmaßstab zugrunde gelegt werden. Gebräuchlich sind folgende Umlegungsmaßstäbe: Nach gleich großen Bruchteilen, nach der Zahl der Haushaltsangehörigen, nach qm-Wohnfläche oder nach Einzelverbrauch. Eine gewisse Schematisierung ist dabei zulässig, auch wenn einem durch während des Abrechnungszeitraums ausziehende Mieter gewisse Nachteile entstehen (LG Bielefeld WM 69, 39). Die Umlegung nach Wohnfläche kann aber unzulässig werden, wenn sich die Bewohnerzahl der Wohnungen stark auseinanderentwickelt hat, wenn also z. B. in einer von zwei gleich großen Wohnungen nur zwei Personen, in der anderen aber inzwischen 5 Personen oder mehr wohnen. Die Wasserkosten nach der qm-Zahl der Wohnung abzurechnen ist — falls nicht eine derartige Vereinbarung vorliegt — ebenso unzulässig (LG Hannover WM 78, 123).

122   Die Abrechnung muß übersichtlich und ohne Schwierigkeiten nachprüfbar sein. Aus der Nebenkostenabrechnung muß der Mieter ohne Überforderung der normalerweise vorauszusetzenden Kenntnisse und Fähigkeiten die Gesamtkosten, Einzelkosten, den Verteilungsschlüssel und den Abzug einer etwaigen Vorauszahlung erkennen können (AG Celle WM 81, U 6). Die Abrechnung muß Ihnen schriftlich zugehen. Ein Aushang im Hausflur ist keine ordnungsgemäße Abrechnung über die Nebenkosten (AG Wuppertal WM 78, 66). Erst wenn sie diesem Erfordernis entspricht, müssen Sie zahlen. Scheuen Sie sich nicht, die Abrechnung zurückzusenden, wen Sie aus ihr nicht schlau werden. Sie haben ein Recht darauf, genau zu wissen, wofür Sie zahlen. Aus der Abrechnung muß auch hervorgehen, für welchen Zeitraum die Kosten entstanden sind (AG Frankfurt WM 78, 48). Die Nebenkostenabrechnung muß sich hierbei jeweils auf den Zeitraum eines Jahres beziehen. Willkürlich gewählte Zeiträume (z. B. 15 Monate) können nicht Grundlage einer Nebenkostenabrechnung sein (AG Friedberg WM 83, 239).

In Rechnung gestellter Ölverbrauch muß durch die Angabe des jeweiligen Anfangs- und Endstandes des Ölvorrats bei der Tankung dargestellt sein (LG Mannheim WM 77, 208), wobei diese Ausgaben im Wege einer ordnungsgemäßen Messung mittels einer Öluhr oder eines Peilstabes zu ermitteln sind (LG Hamburg WM 83, 274). Sie haben auch ein Recht, die der Abrechnung zugrundeliegenden Originalbelege zu sehen. Wenn und solange der Vermieter diese Einsichtnahme verweigert, brauchen Sie ebenfalls nicht zu zahlen. Er muß Ihnen die Belege allerdings nicht bringen. Sie können sie dann nur beim Vermieter, oder, wenn das unzumutbar ist (wegen eines gespannten Verhältnisses), an einem neutralen Ort einsehen, z.B. im Rechtsanwaltbüro.

Kommt es wegen einer Nebenkostenabrechnung, die den genannten Anforderungen nicht entspricht, zu einem Prozeß zwischen dem Vermieter und Ihnen, so gehen Sie kein Risiko ein, einen Teil der Kosten tragen zu müssen. Erkennen Sie nämlich in dem Augenblick, in dem der Vermieter eine nachvollziehbare Abrechnung vorlegt, seine Forderung an, dann hat der Vermieter die ganzen Kosten des Rechtsstreits zu tragen (LG Kiel WM 77, 14).

3. Erhöhung der Nebenkosten gemäß § 4 MHG

123   Eine Erhöhung der Nebenkosten kann grundsätzlich über eine Erhöhung des Mietzinses nach § 2 MHG geltend gemacht werden, wenn der Mietzins nicht mehr der „ortsüblichen Vergleichsmiete" entspricht (vgl. hierzu Rdnr. 102 ff.). Für die der unmittelbaren Bewirtschaftung dienenden Betriebskosten (vgl. hierzu nochmals die Aufzählung der Einleitung) — und sie machen den allergrößten Teil der denkbaren Nebenkosten aus — gibt § 4 MHG eine vereinfachte Umlegungsmöglichkeit. Erhöhungen solcher Betriebskosten kann der Vermieter durch einseitige Erklärung anteilig auf die Mieter umlegen, und zwar unabhängig davon, ob diese Kosten hierfür gesondert neben der Grundmiete zu zahlen oder im Mietzins enthalten waren. Die Grundregel, wonach der Mieter nur diejenigen Nebenkosten zahlen muß, die ausdrücklich vereinbart sind, gilt also nicht hinsichtlich der Erhöhung der Betriebskosten.

Zu den umlegbaren Nebenkosten gehört jedoch nicht die Grundsteuermehrbelastung nach Wegfall der Grundsteuervergünstigung. Diese hat der Vermieter allein zutragen (AG Karlsruhe-Durlach WM 79, 33; AG Horb WM 79, 154; anderer Ansicht jetzt OLG Karlsruhe WM 81, 56).

Diese einseitige Umlage ist jedoch nur möglich, soweit eine Mieterhöhung im Mietvertrag nicht ausdrücklich oder stillschweigend ausgeschlossen ist (§ 1 Satz 3 MHG). Das ist z. B. der Fall, wenn der Mietvertrag auf bestimmte Zeit mit festem Mietzins vereinbart ist (vgl. OLG Zweibrücken ZMR 82, 116), oder wenn Sie eine (echte) Pauschale (im Gegensatz zur Vorauszahlung) entrichten (vgl. hierzu Rdnr. 119). Prüfen Sie also Ihren Mietvertrag einmal daraufhin!

Zum Verfahren im einzelnen :

a. Einseitige Erklärung

124   Die Umlage erfolgt durch einseitige schriftliche Erklärung des Vermieters (§ 4 Abs. 2 MHG). Eine Zustimmung des Mieters wie bei der Anpassung an

die ortsübliche Vergleichsmiete nach § 2 MHG (siehe Abschnitt Mieterhöhung) ist nicht erforderlich.

b. Mitteilung der Berechnung

125   Die Umlageerklärung muß den Grund der Erhöhung und den genauen Erhöhungsbetrag nennen (vgl. AG Hagen WM 81, 21). Die Berechnung, aus der sich der Erhöhungsbetrag ergibt, muß mitgeteilt werden. Die Berechnung muß vollständig und verständlich sein. Sie brauchen sich also keinesfalls mit der allgemeinen Erklärung zufrieden zugeben, daß „alles teurer geworden" sei. Eine Umlegungserklärung, die den Anforderungen nicht entspricht, ist unwirksam; verlangen Sie in jedem Fall eine genauere und verständlichere Abrechnung. Sie haben auch hier ein Recht auf Einsicht in die Abrechnungsunterlagen und ein Zurückbehaltungsrecht bezüglich nicht überprüfbarer Erhöhungsbeträge.

Zwar kann der Vermieter fehlende Erläuterungen nachholen. Das Erhöhungsbegehren wird jedoch erst ab Zugang der ausreichenden Aufschlüsselung wirksam (AG Hagen WM 81, 21).

c. Beginn der Erhöhung

126   Ist die Erklärung jedoch in Ordnung, so schulden Sie den erhöhten Betrag ab dem nächsten Monatsersten nach Zugang der Erklärung; geht die Erklärung nach dem 15. eines Monats ein, so schulden Sie den erhöhten Betrag ab übernächstem Monatsersten. Eine rückwirkende Erhöhung bis zum Zeitpunkt der Kosten — höchstens jedoch bis zum Beginn des der Erklärung vorausgegangenen Kalenderjahres — ist zulässig, wenn der Vermieter selbst erst später von der Erhöhung erfahren hat. Er muß aber spätestens 3 Monate, nachdem er selbst von der Erhöhung erfährt, die Umlage erklären. Wenn Ihr Vermieter also rückwirkende Nebenkostenerhöhung verlangt, so bestehen Sie darauf, daß Ihnen nachgewiesen wird, daß der Vermieter selbst erst vor höchstens drei Monaten davon erfahren hat.

d. Nebenkostenermäßigung

127   Der Vermieter ist verpflichtet, auch Ermäßigungen von Nebenkosten auf die genannte Art an die Mieter weiterzugeben. Man wird getrost davon ausgehen können, daß diese neue gesetzliche Regelung nicht oft praktisch werden wird.

e. Kapitalkostenerhöhung

128   Nach § 5 MHG kann der Vermieter auch die Erhöhung von Kapitalkosten auf die Mieter umlegen. Wenn der Vermieter also für den Kauf, die Wieder-

herstellung, für die Erweiterung oder für die Modernisierung des Hauses ein Darlehen aufgenommen hat, und die Zinsen für dieses Darlehen sich erhöhen, so kann er diese Erhöhung an die Mieter weitergeben. Die Regelung ist im einzelnen recht kompliziert. Sie sei hier nur in groben Zügen wiedergegeben.

Es muß sich um ein Darlehen handeln, das im Grundbuch eingetragen ist, also z. B. als Hypothek oder als Grundschuld. Die Kapitalkostenerhöhung muß sich aus einer Erhöhung des Zinssatzes ergeben. Der Vermieter kann eine Erhöhung also dann nicht umlegen, wenn er willkürlich zu einer teureren Bank gewechselt hat. Die Erhöhungserklärung muß schriftlich erfolgen; in dieser Erklärung muß genau der Grund für die Umlagen angegeben sein, und es müssen die Erhöhungsvoraussetzungen im einzelnen erläutert werden. Eine mündliche Umlageerklärung oder eine schriftliche, die nicht begründet und nicht verständlich ist, ist auch hier unwirksam.

Ist die Erklärung in Ordnung, so müssen Sie den erhöhten Betrag vom nächsten Monatsersten an zahlen; ist die Erklärung erst nach dem 15. des Monats eingegangen, so schulden Sie die Erhöhung erst vom übernächsten Monat an.

Ermäßigt sich der Zinssatz, so muß der Vermieter diese Ermäßigung auch wieder weitergeben; ebenso ist es, wenn er das Darlehen getilgt und infolgedessen gar keine Zinsen mehr zu entrichten hat.

Das Gesetz enthält einen gewissen, wenn auch schwachen Schutz dagegen, daß der Vermieter mit Phantasiezahlen arbeiten kann. Sie haben jederzeit ein Recht zu verlangen, daß der Vermieter Ihnen die Höhe des Darlehens offenlegt. Dieses Recht haben Sie schon zu Beginn des Mietverhältnisses, wenn noch gar nicht von einer Zinssatzerhöhung die Rede ist. Sie können auch, wenn eine Zinsumlage erfolgt, von Zeit zu Zeit nachfragen, und jedesmal muß Ihnen der Vermieter Auskunft erteilen. Kommt er dieser Verpflichtung nicht nach, so brauchen Sie die erhöhten Beträge, also die Zinsumlage, nicht zu bezahlen (§ 5 Abs. 4 MHG).

Bei einer Umlage von Kapitalkostenerhöhung (nicht aber bei Betriebskostenerhöhung) steht Ihnen wiederum ein außerordentliches Sonderkündigungsrecht zu, und zwar können Sie das Mietverhältnis bis spätestens am 3. Werktag des Monats, von dem an die Erhöhung gelten soll, für den Ablauf des übernächsten Monats kündigen (§ 9 Abs. 1 Satz 2 MHG).

4. Verwirkung

129 Erbringen Sie auf Ihre Nebenkosten Vorauszahlungen, so ist der Vermieter nach dem Gesetz verpflichtet, jährlich abzurechnen (§ 4 Abs. 1 MHG). Er kann diese Abrechnung nicht beliebig lange hinauszögern. Tut er es doch,

so verwirkt er seinen Anspruch. D.h., daß er diese zurückliegenden Beträge nicht mehr fordern kann, daß Sie als Mieter also nicht mehr zu zahlen brauchen. Der bisherigen Rechtsprechung zufolge, wonach andere Nebenkosten als Heizkosten spätestens nach einem Jahr verwirkt sein sollten (z.B. LG Düsseldorf ZMR 72, 78) ist das KG in einem Rechtsentscheid in WM 81, 270 entgegengetreten. Hiernach wird der Anspruch des Vermieters auf Nachzahlung von Nebenkosten nicht allein dadurch verwirkt, daß der abrechnungspflichtige Vermieter es längere Zeit unterlassen hat, abzurechnen. Vielmehr muß der Mieter im Einzelfall geltend machen, daß er darauf vertraut hat, nicht mehr in Anspruch genommen zu werden.

5. Heiz- und Warmwasserkosten im besonderen

a. Die Regelung nach der Heizkostenverordnung

130 Seit dem 1.3.1981 müssen die Heiz- und Warmwasserkosten für alle preisgebundenen und nicht preisgebundenen Wohnungen nach den Vorschriften der Heizkostenverordnung (zuletzt geändert durch Verordnung vom 19.1.1989, BGBl. I. S. 109 und neugefaßt durch Bekanntmachung vom 20.1.1989, BGBl. I S. 115) verbrauchsabhängig abgerechnet werden, wenn diese Kosten vom Eigentümer auf mehrere Mieter in einem Gebäude verteilt werden. Gemäß § 2 HeizkostenVO treten entgegenstehende Vertragsbestimmungen außer Kraft, wenn es sich nicht um ein Gebäude mit nicht mehr als zwei Wohnungen handelt, von denen eine der Vermieter selbst bewohnt.

Der Vermieter ist verpflichtet, den Verbrauch an Heiz- und Warmwasserkosten zu erlassen (§ 4 Abs. 1 HeizkostenVO), wobei gemeinschaftlich genutzte Räume, die nicht einen nutzungsbedingt hohen Verbrauch haben (Schwimmbäder, Saunen), ausgenommen sind. Er hat dazu die Räume mit Ausstattungen zur Verbrauchserfassung zu versehen. Zur Erfassung des anteiligen Wärmeverbrauchs sind Wärmezähler oder Heizkostenverteiler, zur Erfassung des anteiligen Warmwasserverbrauchs Warmwasserzähler oder Warmwasserkostenverteiler zu verwenden (§ 5 Abs. 1 HeizkostenVO). Die Mieter haben diese Ausstattung mit Verbrauchserfassungsgeräten zu dulden. Will der Gebäudeeigentümer die Ausstattung zur Verbrauchserfassung allerdings mieten, so hat er dies den Mietern vorher unter Angabe der dadurch entstehenden Kosten mitzuteilen. Die Maßnahme ist unzulässig, wenn die Mehrheit der Mieter innerhalb eines Monats nach Zugang der Mitteilung widerspricht.

Der Vermieter kann die Geräte zur Verbrauchserfassung im Rahmen des §
3 Abs. 1 MHG bei einer Mieterhöhung in Ansatz bringen. Er kann also die
Jahresmiete für die einzelne Wohnung um 11 % der Kosten erhöhen, die
durch die Installation der Geräte in der betreffenden Wohnung entstanden
sind.

131   Im einzelnen kann der Vermieter folgende Heizkosten in Anrechnung bringen (§ 7 Abs. 2 HeizkostenVO):
die Kosten der verbrauchten Brennstoffe,
die Kosten des Betriebsstromes,
die Kosten der Bedienung, Überwachung und Pflege der Anlage,
die Kosten der regelmäßigen Prüfung der Anlage durch einen Fachmann,
die Kosten der Reinigung der Anlage,
die Kosten der Messungen nach dem Bundesimmissionsschutzgesetz.

Der Vermieter kann folgende Warmwasserkosten veranschlagen (§ 8 Abs.
2 HeizkostenVO):
die Kosten der Wasserversorgung, soweit sie nicht gesondert abgerechnet
werden,
die Kosten der Wassererwärmung entsprechend den obengenannten Heizkosten.
Diese Aufzählung der Heizkostenverordnung ist abschließend.
Von diesen Kosten muß der Vermieter zwischen 50 % und 70 % nach dem
erfaßten Verbrauch der Mieter auf diese verteilen. Die übrigen Kosten kann
er weiterhin nach der Wohnfläche umlegen. Wurde bisher in dem Mietvertrag für den verbrauchsabhängigen Teil der Abrechnung ein höherer Pro-
zentsatz als 70 % vorgesehen, so bleibt dies gem. § 10 HeizkostenVO unberührt.
§ 11 der HeizkostenVO enthält einige Ausnahmen, bei deren Vorliegen nicht
verbrauchsabhängig abgerechnet werden muß. Darunter fallen Räume, bei
denen das Anbringen der Ausstattung zur Gebrauchserfassung nicht oder
nur mit unverhältnismäßig hohen Kosten möglich ist, Räume, die vor dem
1.7.1981 bezugsfertig geworden sind und in denen der Mieter den Wärme-
verbrauch nicht beeinflussen kann. Ebenfalls nicht von der Heizkostenverordnung berührt werden bestimmte Gebäudetypen für besondere Personen-
gruppen wie z. B. Alters- und Pflegeheime, Studenten- und Lehrlingsheime
sowie vergleichbare Gebäude.

132   Kann der Verbrauch für einen Abrechnungszeitraum z.B. wegen Geräteaus-
falls nicht ordnungsgemäß erfaßt werden, so ist er entweder auf der Grundlage des Verbrauchs der betroffenen Räume in vergleichbaren früheren Rech-

nungszeiträumen oder auf der Grundlage des Verbrauchs vergleichbarer anderer Räume in dem betreffenden Abrechnungszeitraum zu ermitteln (§ 9 b HeizkostenVO). Wechselt der Mieter innerhalb eines Abrechnungszeitraumes, so muß der Vermieter eine Zwischenablesung durchführen (§ 9 b HeizkostenVO). Die nach dem erfaßten Verbrauch zu verteilenden Kosten sind auf der Grundlage dieser Zwischenablesung aufzuteilen. Die übrigen Kosten des Warmwasserverbrauchs sind zeitanteilig auf Vor- und Nachmieter aufzuteilen, während die übrigen Kosten des Wärmeverbrauchs entweder auch zeitanteilig oder auf der Grundlage von Gradtagszahlen zu verteilen sind (§ 9 Abs. 2 HeizkostenVO). Bei der Gradtagszahlenmethode wird den einzelnen Monaten eines Jahres ein jeweiliger Wärmeverbrauchsanteil zugeordnet. An die Genauigkeit der Kostenverteilung dürfen keine übertriebenen Anforderungen gestellt werden (LG Mannheim WM 88, 405).

b. Abrechnung

133   Der Vermieter ist verpflichtet, eine in Einzelheiten gehende Heizkostenabrechnung vorzulegen, die mindestens enthalten muß (hierzu grundsätzlich LG Mannheim NJW 69, 1858):

1. die in Rechnung gestellten Einzelbeträge,
2. den auf den jeweiligen Mieter entfallenden Verbrauch,
3. den angewandten Verteilungsschlüssel,
4. die in Abzug gebrachten Vorauszahlungen.

Die Abrechnung muß ohne besondere Kentnisse oder Fähigkeiten nachprüfbar sein. Erhalten Sie also eine unverständliche Abrechnung, so lassen Sie sie zurückgehen und bitten Sie um eine neue, besser verständliche. Sie haben ein Recht auf Einsicht in die Rechnungsunterlagen. Das gilt auch und insbesondere dann, wenn die Abrechnung durch eine Wärmemeßdienstfirma erstellt wird; denn die Rechnungsunterlagen bleiben ja beim Vermieter, und die Meßdienstfirma erstellt ihre Abrechnung nur aufgrund der Angaben, die ihr der Vermieter macht. Sind diese falsch, so ist auch die Abrechnung der Meßdienstfirma unrichtig. Haben Sie Einsicht in die Abrechnungsunterlagen verlangt, so können Sie die Bezahlung der Nebenkosten so lange verweigern, bis Ihnen diese Einsicht gestattet wird (AG Dortmund WM 80, 241; AG Bad Brahmstedt WM 80, 244).

Die Heizkostenabrechnungsbögen der Meßdienstfirma stellen nicht unbedingt ordnungsgemäße Abrechnungen dar, die Sie unbesehen akzeptieren müssen. Dies ist wichtig, weil das ,,halbamtliche'' Aussehen der Rechnungsbögen eine gewisse Unfehlbarkeit vortäuscht. Seien Sie besonders mißtrauisch gegenüber Rechnungsposten wie ,,sonstige Kosten'' u.ä., unter denen man sich nichts Genaues vorstellen kann.

Werden Vorschüsse auf die Heizkosten bezahlt, was die Regel ist, so ist grundsätzlich am Ende der Heizperiode abzurechnen, mit Ablauf des Kalenderjahres tritt Verwirkung ein (AG Köln WM 74, 144), d.h. der Vermieter kann dann keine Nachzahlung mehr verlangen. Eine einheitliche Abrechnung für mehrere Jahre ist auch deshalb unzulässig, weil sie nicht mehr nachprüfbar ist (AG Oberhausen WM 74, 234). Wird die Abrechnung trotz eindringlicher Aufforderung nicht erteilt, so sind Sie auch berechtigt, die Zahlung weiterer Vorschüsse zu verweigern (LG Mannheim WM 74, 145).

c. Defekte Heizanlage

134   Ist die Heizungsanlage defekt und entstehen dadurch höhere Heizmaterialkosten, so können Sie Schadensersatz verlangen. In der Praxis wirkt sich das dahin aus, daß Sie die zuviel entstandenen Kosten nicht zu bezahlen brauchen. bzw. sie zurückfordern können (LG Kassel WM 74, 235).

d. Keine Selbsthilfe des Vermieters

135   Kommt es zu einer Auseinandersetzung über die richtige Höhe der Kosten, und verweigern Sie die Zahlung, so darf der Vermieter sich nicht selbst helfen, indem er Ihnen etwa die Heizung abstellt; wenn er meint, im Recht zu sein, so muß er vor Gericht gehen.

e. Warmwasserversorgung

136   Das Obengesagte gilt entsprechend auch für zentrale Warmwasserversorgungsanlagen.

4. Kapitel Das Wohngeld

I. Allgemeines

137   Das Wohngeld ist ein staatlicher Zuschuß zu den Aufwendungen für Wohnraum. Es soll soziale Härten ausgleichen und das Wohnen wirtschaftlich sichern. Bei genauerer Betrachtung entpuppt sich das Wohngeld als staatliche Subvention, die es den Vermietern überhaupt erst ermöglicht, hohe Mieten zu verlangen; und dies auf Kosten der Allgemeinheit, denn das Wohngeld wird ja aus Steuermitteln aufgebracht. Diese Erkenntnis sollte freilich
keinen Berechtigten daran hindern, den ihm zustehenden Wohngeldanspruch
nach Kräften durchzusetzen; im Gegenteil. Die staatlichen Sparmaßnahmen
haben bereits dazu geführt, daß bei der Gewährung von Wohngeld zunehmend strenger geprüft und weniger bewilligt wird, und das trifft in bewähr-
ter Weise zuerst die sozial Schwachen. Gerade den Studenten, von denen
ohnehin nur die Nicht-BAföG-Empfänger in Frage kommen, scheint man derzeit den Wohngeldhahn vollends zudrehen zu wollen. Hierzu sogleich unter
II. Ausführlicheres.
Unser Rat: Wenn Sie nach dem u.g. auch nur eine schwache Aussicht auf
Gewährung von Wohngeld haben, so versuchen Sie auf alle Fälle, diesen
Anspruch durchzusetzen. Wird Ihr Antrag abgelehnt, so gehen Sie auf alle
Fälle in den Widerspruch (zum Verfahren unten IV). Wird auch der Wider-
spruch abgelehnt, so gehen Sie, wenn irgend möglich, vor Gericht. Schöp-
fen Sie die hierbei gegebenen Möglichkeiten, das Prozeßkostenrisiko zu min-
dern oder auszuschalten, voll aus (Prozeßkostenhilfe, Rechtsschutzversicherung, gewerkschaftlicher Rechtsschutz, Unterstützung durch den AStA bei
Musterprozessen). Es geht darum, einer zunehmend rigoroser werdenden
Verwaltungspraxis Widerstand zu leisten, die dahin geht, Wohngeldanträge
von Studenten pauschal abzulehnen.
Eine ausführliche Darstellung des Wohngeldrechts könnte allein den Umfang einer kleinen Broschüre einnehmen. Diese Ausführlichkeit ist hier nicht
möglich, aber auch nicht notwendig. Wir können uns darauf beschränken,
die gerade für Studenten wichtigen Punkte herauszuarbeiten und anderes
zurücktreten zu lassen. Von ausschlaggebender Bedeutung, gerade im Hinblick auf die eben erwähnte Verwaltungspraxis, ist die Frage der Anspruchs-
berechtigung des auswärts wohnenden Studenten (eigener Haushalt? Be-
dürftigkeit?). Dieser Problemkreis ist unter II. dargestellt.
Weniger wichtig ist die Frage der Berechnung des Wohngeldes, also seiner
Höhe im Einzelfall. Wie unsere Erfahrung aus der Rechtsberatung zeigt, beschwert sich kaum je ein Student über eine zu geringe Höhe des ihm zuge-

wiesenen Wohngeldes. Der Streit geht in aller Regel darum, ob dem Studenten überhaupt Wohngeld gewährt werden muß. Im übrigen ist die Berechnungsregelung so kompliziert, daß eine ausführliche Darstellung hier zu viel Platz einnehmen würde. Einen kurzen Überblick geben wir unter III. Die Abschnitte IV. und V. sind der Antragsstellung und dem Verwaltungsverfahren sowie dem Gerichtsverfahren gewidmet.

Das maßgebliche Zweite Wohnungsgeldgesetz (WoGG) ist übrigens in der von uns empfohlenen Textausgabe des dtv unter Nr. 13 abgedruckt.

II. Anspruchsberechtigung

1. Allgemeines

138   Wohngeld können außer Mietern auch andere Nutzungsberechtigte sowie Eigentümer eines Eigenheimes oder einer Eigentumswohnung usw. erhalten, wenn sie bestimmte im WoGG beschriebene Voraussetzungen erfüllen. Dies sei jedoch nur der Vollständigkeit halber erwähnt. Unsere Darstellung beschränkt sich im übrigen streng auf den Wohngeldanspruch des Mieters. Wohngeld wird zur Sicherung des Wohnraumes auch dann gewährt, wenn das Mietverhältnis gekündigt worden ist. Untermieter sind auch Mieter. Wohngeld erhält danach, wer zum berechtigen Personenkreis gem. § 3 und § 4 WoGG gehört (hierzu Rdnr. 139-141), und bei dem keine Versagungsgründe gem. § 18 WoGG vorliegen (hierzu Rdnr. 142 ff.)

2. Der berechtigte Personenkreis

139   Wohngeld wird jeweils für eine Familie, genauer gesagt, für die in einem Haushalt zusammen wohnenden Familienmitglieder als Gesamtheit bezahlt. Als Familienmitglieder in diesem Sinne gelten auch Verwandte zweiten und dritten Grades in der Seitenlinie (Onkel, Tanten, Neffen, Nichten, Adoptivkinder, nichteheliche Kinder und Pflegekinder). Maßgeblich ist, ob diese Verwandten mit dem Antragsberechtigten (dem Haushaltsvorstand) einen gemeinsamen Hausstand führen. Wenn dies der Fall ist, so können sie keinen eigenen Antrag auf Wohngeld stellen. Als zum Haushalt gehörig zählen ausdrücklich auch solche Familienmitglieder, ,,die vorübergehend abwesend sind'' (§ 4 Abs. 3 WoGG), ansonsten aber zum Haushalt im Sinne einer Lebens- und Wirtschaftsgemeinschaft gehören. Dies ist dann der Fall, wenn der Familienhaushalt weiterhin der Mittelpunkt ihrer Lebensbeziehungen bleibt und mit ihrer Rückkehr in den Familienhaushalt in absehbarer Zeit zu rechnen ist. Dies gilt selbst dann, wenn Sie vorübergehend eine eigene Wohnung mit eigenem Hausstand haben.

Das ist die erste Klippe, an der viele Wohngeldanträge von auswärts wohnenden Schülern, Studenten, Referendaren oder Lehrlingen scheitern. Bei ihnen wird nämlich in der Regel davon ausgegangen, daß sie sich noch nicht völlig aus dem elterlichen Haushalt gelöst haben, daß ihre Abwesenheit mithin nur eine vorübergehende ist. Neben der gesetzlichen Vermutung in § 4 Abs. 3 Satz 3 WoGG, wonach eine nur vorübergehende Abwesenheit vermutet wird, wenn der Antragsteller für seine Lebenshaltung noch überwiegend von anderen zum Haushalt zu rechnenden Familienmitgliedern unterstützt wird, ist bisher die Verwaltung mit der Rechtsprechung grundsätzlich davon ausgegangen, daß erst mit der endgültigen Loslösung vom Familienhaushalt eine dauernde Abwesenheit anzunehmen ist.

140   Die Rechtsprechung hält bei Studenten und Auszubildenden eine nicht nur vorübergehende Abwesenheit in folgenden Fällen für gegeben:

(1) Wenn die elterliche Wohnung so klein ist, daß im Falle der Rückkehr des abwesenden Familienmitgliedes der den Umständen nach angemessene Wohnraum ohne Anmietung weiteren Wohnraums nicht vorhanden wäre. Hat der Abwesende seine gesamten Sachen an den neuen Wohnort gebracht und die Eltern z. B. aus dem bisherigen Zimmer für den im Schichtdienst arbeitenden Vater ein zweites Schlafzimmer eingerichtet, so kann trotz völliger wirtschaftlicher Abhängigkeit (§ 4 Abs. 3 WoGG) eine nicht nur vorübergehende Abwesenheit vorliegen (VG Hamburg WM 80, 184).

(2) Eine nicht nur vorübergehende Abwesenheit ist auch dann anzunehmen, wenn der Abwesende bereits erkennbare Entscheidungen getroffen hat, die eine Rückkehr in die elterliche Wohnung als unwahrscheinlich erscheinen lassen. Als Beispiele wären hier zu nennen: auf Dauer eingerichteter Haushalt (also nicht nur Kistenmöblierung), Verlobung und alsbaldige Eheschließung, die Studienfinanzierung durch eine Firma, in deren Dienste zu treten der Student sich verpflichtet hat.

(3) Schließlich ist eine nicht nur vorübergehende Abwesenheit dann anzunehmen, wenn das Familienmitglied ein Studium beginnt oder fortgesetzt, nachdem es bereits eine Berufsausbildung abgeschlossen und seinen Lebensunterhalt selbst verdient hatte.

Die Raumverhältnisse in der elterlichen Wohnung (oben zu (1)) sind durch Vorlagen von Plänen o.ä. nachzuweisen. Eine bereits abgeschlossene Berufsausbildung (oben zu (3)) ist ebenfalls durch Vorlage entsprechender Dokumente nachzuweisen.

141   Im übrigen entscheiden, wie bereits erwähnt, die Umstände des Einzelfalles (OVG Hamburg WM 81, 70). Worauf es jedenfalls **nicht** entscheidend ankommt (obwohl sich die Behörden immer wieder darauf berufen), ist die noch bevorstehende Studiendauer und die polizeiliche Ummeldung. Gelegentli-

che Familienbesuche sprechen natürlich nicht gegen die dauernde Abwesenheit, wenn diese durch andere Tatsachen belegt ist.

Ein weiteres Indiz für die dauernde Loslösung aus dem elterlichen Haushalt kann auch ein tiefgreifendes Zerwürfnis mit den Eltern sein. Unter Beweis zu stellen wäre das ggfs. durch Zeugenaussagen der Eltern bzw. von Geschwistern. In jedem Fall hat der Student diejenigen objektiven Tatsachen anzuführen und zu beweisen, die für die dauernde Trennung vom elterlichen Haushalt sprechen. Anhand dieser Umstände hat die Behörde dann eine Prognose und Abwägung anzustellen.

3. Versagungsgründe

142   Um eine mißbräuchliche Inanspruchname von Wohngeld zu verhindern, gibt es verschiedene Versagungsgründe, bei deren Vorliegen Wohngeld nicht gewährt wird (§ 18 WoGG).

a. Mißbräuchliche Inanspruchnahme gemäß § 18 Abs. 3 WoGG

143   Obwohl der Gesetzgeber mit der Streichung der sog. ,,Härteklausel'' in § 18 WoGG den Wohngeldanspruch nicht mehr davon abhängig macht, daß dessen Gewährung zur Vermeidung sozialer Härten erforderlich ist, hat er in der ,,Mißbrauchsklausel'' des § 18 Abs. 3 WoGG der Behörde eine neue auslegbare Bestimmung gegeben.

Danach wird Wohngeld dann nicht gewährt, wenn die Inanspruchnahme mißbräuchlich wäre. Damit sind natürlich alle Fälle umfaßt, in denen der Antragsteller auf unlautere Weise Wohngeld zu erschleichen sucht.

Im einzelnen kann Mißbrauch z. B. vorliegen, wenn

1. ein 16jähriges Familienmitglied ein Arbeitsverhältnis aufgegeben hat und zwecks Erzielung eines höheren Wohngeldes bewußt kein neues aufnimmt;

2. mit einem gut verdienenden Kind in der elterlichen Wohnung ein Untermietsverhältnis begründet wird, um die Anrechnung seines Einkommens auf das Gesamteinkommen auszuschließen.

3. Im Hinblick auf das zu erwartende Wohngeld mit dem Vermieter eine überhöhte Miete vereinbart wird.

b. Gesamteinkommen bei Wohngemeinschaft

144   Nach der neuen Fassung des § 18 Abs. 2 WoGG wird Wohngeld auch nicht gewährt, wenn der Antragsberechtigte, der mit Personen, die keine Familienmitglieder (§ 4 WoGG) sind, eine Wohn- und Wirtschaftsgemeinschaft führt, besser gestellt wäre, als im Rahmen eines Familienhaushalts entsprechender Größe. Nach der gleichen Vorschrift wird grundsätzlich davon ausgegangen, daß bei gemeinsamen Bewohnern einer Wohnung auch eine Wirt-

schaftsgemeinschaft vorliegt. Ziel des Gesetzgebers ist es, bezüglich der Wohngeldgewährung die wilde Ehe und andere eheähnliche Gemeinschaften einem Familienhaushalt von Eheleuten gleichzustellen und auch das Einkommen zweier unverheirateter Personen, die in einer Wohnung zusammenleben, gemeinsam zur Wohngeldberechnung heranzuziehen.

Die gesetzliche Vermutung des Vorliegens einer Wirtschaftsgemeinschaft kann durch geeignete Tatsachen widerlegt werden.

Wenn Sie also der Wohngeldbehörde glaubhaft machen können, daß Sie und Ihr Lebensgefährte, mit dem Sie eine gemeinsame Wohnung bewohnen, getrennte Kassen führen, darf die Bewilligungsstelle nur Ihr eigenes Einkommen berücksichtigen.

c. Vermögen

145   Ebenfalls selten zutreffen dürfte der Versagungsgrund des § 18 Abs. 1 Nr. 3 WoGG. Danach wird Wohngeld versagt, wenn ein zum Haushalt rechnendes Familienmitglied im Jahr der Stellung des Antrages auf Wohngeld Vermögenssteuer zu entrichten hat, es sei denn, dies würde zu einer besonderen Härte für die zum Haushalt rechnenden Familienmitglieder führen.

d. Andere vergleichbare Leistungen

146   Gem. § 18 Abs. 1 Nr. 1 WoGG wird Wohngeld weiter versagt, wenn für die wirtschaftliche Sicherung von Wohnraum andere Leistungen aus öffentlichen Kassen gewährt werden, die mit dem Wohngeld vergleichbar sind.

Diese Bestimmung führt in der Regel dazu, daß BAföG-Empfänger vom Wohngeldbezug ausgeschlossen sind. Denn der jeweils zur Auszahlung gelangende BAföG-Betrag enthält neben dem Grundbedarf gem. § 13 Abs. 1 BAföG normalerweise einen Zusatzbetrag für die Unterkunft gem. § 13 Abs. 2 BAföG. Damit liegt eine mit dem Wohngeld vergleichbare, zur wirtschatftlichen Sicherung von Wohnraum gedachte Leistung vor, und der Versagungsgrund des § 18 Abs. 1 Nr. 1 WoGG greift ein.

Handelt es sich bei dem BAföG-Empfänger um einen Auszubildenden, so erhält er nach dem seit dem 1.1.1983 geltenden § 41 Abs. 3 WoGG ohnehin kein Wohngeld mehr.

147   Weitere mit Wohngeld vergleichbare, und daher zur Versagung von Wohngeld führende Leistungen sind z. B. folgende:

- Leistungen nach dem Graduierten-Förderungsgesetz sollen den Lebensunterhalt decken und umfassen daher auch die Unterkunftskosten, jedenfalls dann, wenn der volle Regelsatz gewährt wird (BVerwG ZMR 75, 318).

- Ausbildungsbeihilfe nach dem Lastenausgleichsgesetz, dem Heimkehrergesetz, dem Häftlingsgesetz und dem Bundesentschädigungsgesetz.

148   Nicht vergleichbar mit dem Wohngeld sind:
       — Leistungen für die Unterkunft nach dem BSHG und BVG über die Kriegs-
       opferfürsorge, wobei es ohne Bedeutung ist, ob es sich um laufende oder
       einmalige Leistungen handelt.
       — Übergangshilfen zum Ausgleich höherer Mietkosten nach einer zum Aus-
       bildungsförderungsgesetz erlassenen Anordnung des Verwaltungsrats der
       Bundesanstalt für Arbeit zur Förderung der Arbeitsaufnahme.

e. Doppelwohnungen

149   Wohngeld wird ferner versagt, wenn für mehrere Wohnungen Miete zu be-
       zahlen oder Belastung aufzubringen ist, und wenn für eine Wohnung be-
       reits Wohngeld oder eine vergleichbare Leistung gewährt wird (Doppelwoh-
       nung). Dabei bleibt es natürlich dem Antragsteller überlassen, für welche
       der Wohnungen er Wohngeld beantragen will.
       Wohngeld wird außerdem versagt für Wohnraum, der von vorübergehend
       abwesenden Familienmitgliedern nur vorübergehend benutzt wird. Vorüber-
       gehende Nutzung heißt, daß der Wohnraum nur zeitweilig, insbesondere bei
       Wochenendhäusern und Ferienwohnungen bewohnt wird. Außerdem kann
       dies der Fall sein, wenn ein oder mehrere Bewohner zur auswärtigen Be-
       rufsausbildung vorübergehend nicht mit der übrigen Familie zusammenwoh-
       nen. Wie bereits bei Rdnr. 139/140 besprochen, liegt in diesen Fällen schon
       mangels Loslösung aus dem elterlichen Haushalt kein eigener Wohngeldan-
       spruch vor.

III. Berechnung des Wohngeldes

150   Eine ausführlichere Darstellung der Berechnung des Wohngeldes würde hier
       zu viel Raum einnehmen. Wir beschränken uns daher auf einen groben Über-
       blick. Die Höhe des Wohngeldes wird individuell ermittelt. Sie ist abhängig
       von den drei Faktoren **Familiengröße, Höhe des Familieneinkommens** und
       Höhe der zuschußfähigen Wohnkosten. Stehen diese Werte fest, so kann
       das Wohngeld aus einer von acht Tabellen abgelesen werden, die als Anla-
       gen zum Zweiten Wohngeldgesetz gehören.

1. Familiengröße

151   Die Ermittlung der zum Haushalt gehörenden Familienmitglieder ergibt sich
       bereits aus den Ausführungen bei Rdnr. 139. Bei Studenten, soweit sie nicht
       ohnehin alleinstehend sind, werden in der Regel nur Ehegatten und ggfs.
       Kinder in Frage kommen. Lebt ein Student unverheiratet mit einem berufs-

tätigen Partner zusammen, so ist zu beachten, daß dessen Arbeitseinkommen u. U. gem. § 18 Abs. 2 Nr. 2, § 7 Abs. 3 WoGG zu berücksichtigen ist und den Wohngeldanspruch damit ausschließen kann (vgl. Rdnr. 144).

2. Familieneinkommen

152   Maßgeblich für die Höhe des Wohngeldes ist weiter die Höhe des Familieneinkommens, d.h. des bereinigten Jahreseinkommens aller zum Haushalt zählenden Personen. Hierzu zählen alle Einnahmen in Geld oder Geldeswert ohne Rücksicht auf ihre Quelle und ohne Rücksicht darauf, ob sie als Einkünfte im Sinne des Einkommenssteuergesetzes steuerpflichtig sind, abzüglich bestimmter, im Gesetz genannter Beiträge. Zunächst ist zu unterscheiden zwischen den für das Jahreseinkommen anrechenbaren Einnahmen und den Einnahmen, die von vornherein außer Betracht bleiben. Von der Summe der anrechenbaren Einnahmen können dann bestimmte Beträge abgesetzt werden.

Bei Studenten werden in der Regel die von den Eltern gezahlten Unterhaltsleistungen in Frage kommen, sowie Einkünfte aus Ferienarbeit oder einer neben dem Studium betriebenen Tätigkeit, sowie ggfs. natürlich das Einkommen eines berufstätigen Ehegatten. Auf die zahllosen weiteren Möglichkeiten kann hier nicht näher eingegangen werden.

Bei der Errechnung des Jahreseinkommens bleiben völlig außer Betracht die in §§ 13 und 14 WoGG genannten Einkünfte. Es handelt sich dabei insbesondere um steuerfreie Bezüge, die aber ihrer Vielfalt wegen nicht im einzelnen genannt werden können. Von den anrechenbaren Beträgen können dann wiederum gewisse Aufwendungen abgesetzt werden, so z.B. Werbungskosten und Kinderfreibeträge. Die Einzelheiten ergeben sich aus dem umfangreichen Fragebogen, der bei der Antragstellung auszufüllen ist.

3. Zuschußfähige Wohnkosten

153   Die Höhe des Wohngeldes ist ferner abhängig von der Höhe der zuschußfähigen Wohnkosten. Das ist in der Regel die Miete **ausschließlich** der Heiz- und Warmwasserkosten. Bestimmte Kosten bleiben außer Betracht und werden, wenn sie in der Mitte enthalten sind, pauschal abgezogen, so z.B. Vergütung für die Überlassung von Möbeln. Bei Vollmöblierung wird z.B. ein Abschlag von 20 % vorgenommen.

IV. Das Verwaltungsverfahren

1. Antragstellung

154   Wohngeld wird nur auf Antrag gewährt. Daher ist ein Erstantrag, ein Wiederholungsantrag oder ein Änderungsantrag erforderlich. Er ist von dem An-

tragsberechtigten an die zuständige Stelle zu richten, und zwar je nach Bundesland an eine Vorprüfstelle oder direkt an die entscheidende Stelle. In der Regel ist die Gemeinde- oder Kreisverwaltung zuständig, in deren Bezirk die Wohnung liegt. Näheres erfahren Sie also auf dem Rathaus oder beim Landratsamt.

Der Antrag kann schriftlich oder mündlich zur Niederschrift gestellt werden. Aber auch im letzteren Fall muß der Antragsteller die ihm von der Behörde überreichten Formblätter ausfüllen. Dem Antrag müssen alle Unterlagen beigefügt werden, aus denen die Behörde die Richtigkeit der für die Entscheidung maßgeblichen Tatsachen und Verhältnisse ersehen kann. Nach § 25 WoGG sind Familienmitglieder, Mitbewohner der gleichen Wohnung, Unterhaltsberechtigte, Arbeitgeber und Vermieter zur Auskunft verpflichtet. Aber die Behörde ist nicht an das Vorbringen der Beteiligten gebunden. Bei berechtigtem Zweifel kann daher die Amtshilfe von Behörden (Finanzamt, Sozialamt etc.) über die den Wohngeldantrag betreffenden Umstände in Anspruch genommen werden. Dabei kann sich die Behörde des jeweils geeigneten Beweismittels bedienen, also z.B. Auskunft, Sachverständigenanhörung, Zeugenaussagen, Abschriften, Urkunden, Aktenauszügen sowie Abnahme von Eiden und Versicherungen an Eides Statt, letzteres jedoch nur unter bestimmten Voraussetzungen.

In der Regel muß der Antrag im Laufe des Monats gestellt werden, von dessen Beginn an der Zuschuß begehrt wird. Allerdings gibt es zwei Ausnahmen: Zum einen kann das Wohngeld noch innerhalb von drei Monaten nach Kenntnis einer Wohnkostenerhöhung rückwirkend beantragt werden, wenn sich die monatlichen Wohnkosten rückwirkend (!) um mehr als 15 % der zuschußfähigen Wohnkosten erhöht haben, und die zum Haushalt rechnenden Familienmitglieder dies nicht zu vertreten haben; zum anderen kann ein Antrag für die Zukunft gestellt werden (z.B. vor Bezugsfertigkeit einer neuen Wohnung, wobei der Bewilligungszeitraum jedoch erst mit dem Beginn des Einzugsmonats beginnt).

Ansonsten kann eine Erhöhung des Wohngeldes auch noch vor Ablauf des Bewilligungszeitraumes, für den bereits Wohngeld gewährt wird, ab dem Monat dieser erneuten Antragstellung beantragt werden, wenn entweder sich die Zahl der zum Haushalt rechnenden Familienmitglieder durch Zuzug eines Familienmitgliedes oder durch Geburt eines Kindes erhöht hat, oder die zu berücksichtigenden Wohnkosten um mehr als 15 % steigen (z.B. durch Mieterhöhung), oder sich das Familieneinkommen um mehr als 15 % verringert, z.B. infolge Ausscheidens aus dem Arbeitsprozeß (§ 29 WoGG).

2. Die Entscheidung der Behörde

155 Die Entscheidung der Behörde, ob nun Wohngeld gewährt oder der Antrag abgelehnt wird, ist dem Antragsteller schriftlich mitzuteilen, zu begründen und mit einer Rechtsmittelbelehrung zu versehen. Die Begründung muß alle für die Entscheidung maßgeblichen Tatsachen enthalten. Die Rechtsmittelbelehrung muß angeben, wie der Bescheid angefochten werden kann, in welcher Frist und bei welcher Stelle das zu geschehen hat (siehe hierzu Rdnr. 156).

Fällt die Entscheidung der Behörde positiv aus, so wird Wohngeld in der Regel für einen Bewilligungszeitraum von 12 Monaten bewilligt. Die Regeldauer von 12 Monaten kann über- oder unterschritten werden, wenn die Umstände des Einzelfalles oder die Geschäftslage der Wohngeldbehörde es erfordern. Der Zeitraum darf aber höchstens 24 Monate betragen.

Zahlungsempfänger ist in der Regel der Antragsberechtigte. Mit seiner schriftlichen Einwilligung kann der Mietzuschuß aber auch an den Empfänger der Miete gezahlt werden. Von diesem Vorgehen muß aber abgeraten werden, vor allem im Hinblick auf mögliche Streitigkeiten mit dem Vermieter. Das Wohngeld wird in der Regel im voraus in bestimmten Zahlungsabständen bezahlt. Beträge bis zu 20 DM im Monat sollen vierteljährlich, höhere Beträge monatlich bezahlt werden. Diese Zahlungsabschnitte werden ebenfalls im Bewilligungsbescheid festgesetzt.

Hat der Wohngeldempfänger Beträge zu Unrecht erhalten, und ist er dafür verantwortlich, so sind diese zurückzuzahlen. Das ist insbesondere dann der Fall, wenn der Bewilligungsbescheid von Anfang an rechtswidrig wurde, weil sich die zugrundeliegenden Umstände geändert haben, und der Berechtigte diese der Behörde nicht pflichtgemäß mitgeteilt hatte.

3. Die Anfechtung des Bescheides

156 Alle Bescheide der Wohngeldbehörde können mit dem Widerspruch angefochten werden, egal, ob es sich um einen vorläufigen oder endgültigen, um einen bewilligenden oder ablehnenden Bescheid, um einen Aufhebungsbescheid oder um den Rückforderungsbescheid handelt.

Im Widerspruchsverfahren prüft die übergeordnete Behörde den ergangenen Bescheid nochmals in sachlicher und rechtlicher Hinsicht. Der Widerspruch ist innerhalb eines Monats nach Bekanntgabe der Entscheidung schriftlich oder zur Niederschrift bei der Wohngeldbehörde oder der vorgesetzten Behörde einzulegen. Nur dann, wenn der Bescheid keine Rechtsmittelbelehrung enthält (was in der Praxis kaum vorkommt, da die Rechtsmittelbelehrungen vorgedruckt sind), verlängert sich die Widerspruchsfrist auf ein Jahr.

Halten Sie diese Monatsfrist unbedingt ein. Andernfalls kann Ihr Widerspruch nur unter sehr erschwerten Bedingungen noch akzeptiert werden. (Sie müssen dann nachweisen, daß Sie ohne Ihr Verschulden gehindert waren, den Widerspruch rechtzeitig einzulegen, vgl. Rdnr. 160).

Hält die übergeordnete Behörde den Widerspruch für begründet, so hilft sie ihm ab, d.h. sie erläßt einen neuen Bescheid, in dem für den Widerspruchsführer günstigen Sinn. Andernfalls ergeht ein den Widerspruch zurückweisender Widerspruchsentscheid. Dieser ist ebenfalls ausführlich zu begründen, mit einer Rechtsmittelbelehrung zu versehen und zuzustellen.

Da das Widerspruchsverfahren kostenlos ist, empfiehlt es sich immer, einen ablehnenden Bescheid mit dem Widerspruch anzufechten. Insbesondere dann, wenn Ihr Antrag aus den bereits besprochenen, bei Studenten bevorzugt zur Anwendung kommenden Gründen abgelehnt wird (keine Loslösung aus dem elterlichen Haushalt; keine soziale Härte wegen wirtschaftlicher Lage der Eltern), sollten Sie unbedingt Widerspruch einlegen.

Der Widerspruch muß nicht begründet werden. Eine Begründung empfiehlt sich aber, da dann die Widerspruchsbehörde sich nicht einfach darauf beschränken kann, die Argumente der erstentscheidenden Behörde zu wiederholen. Da eine solche Widerspruchsbegründung inhaltlich etwa identisch mit einer Klagebegründung (allenfalls nicht so ausführlich) ist, erübrigt es sich, hier ein Beispiel für eine Widerspruchsbegründung zu geben.

V. Das Gerichtsverfahren

157   Ist der Widerspruchsbescheid der übergeordneten Behörde wiederum ablehnend, so können Sie bei dem für Ihren Wohnsitz zuständigen Verwaltungsgericht Klage erheben. Dies kann schriftlich oder zur Niederschrift des Urkundsbeamten der Geschäftsstelle dieses Gerichts geschehen.

Die Klagefrist beträgt einen Monat ab Zustellung des Widerspruchsbescheids. Auch diese Frist ist unbedingt einzuhalten. ,,Einen Monat ab Zustellung'' bedeutet z.B.: Zustellung am 5. April — Klage muß spätestens am 5. Mai beim Gericht sein, ist der 5. Mai ein Samstag, Sonntag oder gesetzlicher Feiertag, so genügt Eingang beim Gericht am nächstfolgenden Werktag.

Die Zustellung des Widerspruchsbescheides erfolgt förmlich, d.h. Sie haben dem Briefträger eine Empfangsbestätigung zu unterschreiben. Sind Sie nicht zu Hause, so kann auch ein erwachsener Hausgenosse, oder, falls er dazu bereit ist, ein im Haus wohnender Hauswirt oder Vermieter das Schriftstück entgegennehmen und die Quittung unterschreiben. Damit gilt der Bescheid als zugestellt und die Monatsfrist beginnt zu laufen!

Nicht selten ist auch folgender Fall, der vom juristischen Laien oft in seiner Bedeutung verkannt wird: Wenn weder Sie selbst noch eine der soeben genannten Personen anzutreffen sind, so wirft der Briefträger einen Benachrichtigungsschein in den Briefkasten und das Schriftstück wird beim Postamt „niedergelegt". Dort können Sie (aber nur Sie selbst!) es unter Vorlage eines amtlichen Ausweises abholen. Beachten Sie: mit Einwurf des Benachrichtigungsscheines gilt das Schriftstück als zugestellt! Die Monatsfrist für die Klageerhebung beginnt zu laufen!

158 Haben Sie die Frist versäumt, so können Sie, wenn das „unverschuldet" geschah, „Wiedereinsetzung in den vorigen Stand" verlangen. Sie werden dann so gestellt, als hätten Sie die Frist nicht versäumt. Die Anforderungen, die hier gestellt werden, sind ziemlich streng. Beinahe einzig eindeutiger Fall von unverschuldeter Fristversäumnis ist krankheits- oder urlaubsbedingte Abwesenheit.

Der Antrag auf Wiedereinsetzung in den vorigen Stand muß, zusammen mit der versäumten Handlung (hier also der Klageerhebung), innerhalb von zwei Wochen „nach Wegfall des Hindernisses" (also z.B. nach der Rückkehr aus dem Urlaub) gestellt werden. Die Hinderungsgründe müssen genannt und glaubhaft gemacht werden.

159 Zurück zur Klageerhebung. Es genügt, wenn Sie zunächst nur erklären, daß Sie Klage erheben. Die Begründung, für die Sie sich ja vielleicht zuerst rechtlichen Rat einholen wollen, können Sie später nachreichen.

160 Beim Verwaltungsgericht herrscht kein Anwaltszwang.

Im folgenden drucken wir eine Musterklage ab, in der die Standardablehnungsgründe für Wohngeldanträge vom Studenten berücksichtigt sind. Weitere allgemeine Hinweise zum Thema Gerichtsverfahren entnehmen Sie bitte dem 6. Kapitel, Rdnr. 225 ff.

An das
Verwaltungsgericht Freiburg
Dreisamstraße 9
7800 Freiburg i. Br.   *Datum*

In der Verwaltungsrechtssache
Michael Maier, Student, Hauptstr. 346
7800 Freiburg
- Kläger -

gegen

Stadt Freiburg, Amt für Wohnungswesen
vertreten durch den Oberbürgermeister
- Beklagte -

wegen Wohngelds

erhebe ich hiermit Klage.
In der mündlichen Verhandlung werde ich beantragen:
1. Der Bescheid der Beklagten vom 4.4.1990 und der Widerspruchsbescheid
des Regierungspräsidiums Freiburg vom 7.7.1990 werden aufgehoben.
2. Die Beklagte wird verpflichtet, den Wohngeldantrag des Klägers vom
2.2.1990 unter Beachtung der Rechtsauffassung des Gerichts neu zu be-
scheiden.
3. Die Beklagte trägt die Kosten des Verfahrens.

Begründung:
1. Ich beantrage mit Schreiben vom 2.2.1990 die Gewährung von Wohngeld.
Diesen Antrag lehnte die Beklagte, mit Bescheid vom 4.4.1990 ab. Den Wi-
derspruch wies das Regierungspräsidium Freiburg mit Bescheid vom 7.7.1990,
Az: ... zurück; es berief sich, wie schon die Beklagte, darauf, daß ich nur
vorübergehend vom elterlichen Haushalt abwesend sei.
2. Ich bin am 2.2.1970 geboren, ledig und studiere an der Universität Frei-
burg. Ich bewohne eine Ein-Zimmer-Mansarden-Wohnung, deren Miete z.
Zt. DM 360 monatlich beträgt.
Beweis: Fotokopie des Mietvertrages
Von meinem Vater erhalte ich derzeit monatliche Unterhaltsleistungen in Höhe
von DM 680.
Ich habe meine Wohnung selbst vollständig eingerichtet und beabsichtige
nicht, in den elterlichen Haushalt zurückzukehren. Aus eigenen Mitteln ha-
be ich einen Kühlschrank, einen Elektroherd, sowie eine Wohn- und Schlaf-
couch angeschafft.
3. Meine Eltern sind beim Beginn meines Studiums in eine kleinere Woh-
nung umgezogen, in der kein Zimemr für mich mehr vorhanden ist. Auch
im Zimmer meines jüngeren Bruders, der als einziges Kind noch zu Hause
lebt, könnte eine Schlafstelle für mich nicht eingerichtet werden, da das Zim-
mer nur 7 qm groß ist. Darüberhinaus befinden sich in der Wohnung meiner
Eltern noch das Elternschlafzimmer, sowie ein 20 qm großes Wohnzimmer.
Dort schlafe ich bei gelegentlichen Heimatbesuchen auf einer Campingie-
ge. Es ist jedoch zur Aufnahme einer ständigen Schlafstelle völlig ungeeignet.
Daraus ergibt sich, daß meine Rückkehr in den elterlichen Haushalt objek-

tiv unmöglich ist. Hinzu kommt, daß auch die erwähnten selbst angeschafften Möbel in der Wohnung meiner Eltern nicht unterzubringen wären.

Wenn die Beklagte dies weiterhin mit der Begründung bestreitet, daß ich meinen Hauptwohnsitz nach wie vor in Remscheid hätte, so liegt das neben der Sache. Auf die polizeiliche Ummeldung kommt es für die Frage der Gründung eines eigenen Hausstands nicht an. Den Hauptwohnsitz in Remscheid habe ich nur deshalb behalten, um in den Genuß von Fahrpreisermäßigung der Deutschen Bundesbahn für Familienheimfahrten von Studenten zu kommen. Hätte ich in Remscheid nur einen Nebenwohnsitz, der nicht in den Personalausweis eingetragen wird, so könnte ich mich gegenüber der Bahn nur noch umständlich mit zweimal jährlich zu beschaffenden gebührenpflichtigen Meldebestätigungen legitimieren. Beweis für alle voranstehenden Behauptungen: meine Eltern, Erna und Klaus Maier, Stadtstr. 18, 5630 Remscheid, als Zeugen.

4. Da aus den genannten Gründen eine Rückkehr in den elterlichen Haushalt objektiv unmöglich und im übrigen auch von mir nicht beabsichtigt ist, hat die Beklagte zu Unrecht eine nur vorübergehende Abwesenheit i. S. d. § 18 ABs. 2 Nr. 1 WoGG angenommen und die Gewährung von Wohngeld versagt.

Unterschrift

5. Kapitel Beendigung des Mietverhältnisses

161 Ein Mietverhältnis kann auf verschiedene Weise enden. Das von vornherein befristete Mietverhältnis endet einfach durch Zeitablauf, es sei denn, es ist eine Verlängerungsklausel vereinbart (hierzu Rdnr. 165/166). Es kann ferner jederzeit ein Mietaufhebungsvertrag geschlossen werden, der immer dann in Frage kommt, wenn sich Mieter und Vermieter über die Beendigung einig sind und die Kündigungsfrist nicht abwarten wollen (hierzu Rdnr. 167/168). Der häufigste Fall ist die Kündigung durch den Mieter (Rdnr. 169 ff.) oder den Vermieter (Rdnr. 177 ff.). Letztere haben wir besonders ausführlich besprochen, da die Interessenlage, gerade bei preiswertem Wohnraum, häufig so ist, daß der Vermieter den Mieter loswerden, dieser aber unbedingt seine Wohnung behalten will.

Weiter ist zwischen ordentlicher (normaler) und außerordentlicher (fristloser) Kündigung zu unterscheiden. Letztere ist beiden Vertragspartnern in bestimmten Fällen von Pflichtverletzung durch den jeweils anderen möglich (s. Rdnr. 173 ff. und 215 ff.).

Schließlich gibt es die sog. außerordentliche befristete Kündigung nach § 9 Abs. 1 MHG, wenn der Vermieter die Miete erhöht oder Nebenkostenerhöhungen umlegt. Diese Kündigungsart wurde bereits bei Rdnr. 113 ff. und 128 besprochen.

Ein Mietverhältnis endet jedoch nicht, wenn das Eigentum an dem Haus auf einen anderen übergeht, hierzu sogleich Rdnr. 162.

I. Keine Beendigung durch Eigentumsübertragung

1. Verkauf, Erbschaft

162 Wenn der Vermieter das Haus verkauft oder jemand das Grundstück erbt, so endet dadurch das Mietverhältnis nicht. Der neue Eigentümer tritt dann vielmehr voll in die Rechte und Pflichten des alten ein. Der neue Vermieter hat keinen Anspruch auf Abschluß eines schriftlichen Vertrages, wenn bisher nur ein mündlicher bestand (AG Köln WM 81, U 6). Sie müssen dann die Miete an den neuen Eigentümer zahlen. Solange Sie vom Eigentümerwechsel nicht gewußt und die Miete noch dem alten Vermieter gezahlt haben, kann sie der neue Vermieter nicht nochmals verlangen.

2. Zwangsversteigerung

163 Dasselbe gilt auch, wenn jemand das Grundstück (mit Haus) in der Zwangsversteigerung erwirbt.

Der Ersteher ist allerdings nach § 57 a ZVG berechtigt, ein befristetes Mietverhältnis vorzeitig, d.h. wie ein unbefristetes, zu kündigen (natürlich nur unter
den allgemeinen Voraussetzungen, dazu Rdnr. 205). Die gesetzliche Kündigungsfrist, dazu Rdnr. 206, muß aber auch er stets einhalten. Das Recht,
vorzeitig zu kündigen, steht dem Eigentümer aber dann nicht zu, wenn
— eine Mietvorauszahlung geleistet worden ist; dann darf der Ersteigerer
erst am Ende des Verrechnungszeitraumes (siehe oben) das Mietverhältnis
kündigen (§ 57 c Abs. 1 Ziff. 1 ZVG);
— oder wenn ein verlorener Baukostenzuschuß, der höher als eine Jahresmiete war, gezahlt worden ist; dann darf erst gekündigt werden, wenn dieser „abgewohnt" (siehe Rdnr. 72) worden ist. Nach Ablauf von 12 Jahren
seit Überlassung der Mieträume gilt der Zuschuß hierbei als abgewohnt, so
daß der Vermieter in diesem Fall kündigen kann.

3. Was wird aus der Kaution?

164   Der Mieter kann von seinem bisherigen Vermieter verlangen, daß dieser die
geleistete Kaution an den Erwerber der Wohnung aushändigt (OLG Karlsruhe WM 89, 63). Dies gilt nicht, soweit dem Vermieter gegen den Mieter noch
Ansprüche zustehen, die durch die Kaution gesichert werden sollen, oder
wenn der Erwerber gegenüber dem Vermieter die Verpflichtung zur Rück-
gewähr der Kaution übernommen hat. Hat der Vermieter die Kaution auf Verlangen oder mit Einwilligung des Mieters an den neuen Eigentümer weiter-
gegeben, so kann er nicht mehr auf Rückzahlung in Anspruch genommen
werden (OLG Karlsruhe a. a. O.).
Schlecht ist es um die Rückzahlung der Kaution bestellt, wenn das Grundstück des Vermieters im Konkurs zwangsversteigert worden ist. Die Kaution
kommt dann nur in Höhe der Konkursquote zur Rückzahlung.

II. Befristetes Mietverhältnis

1. Normaler befristeter Mietvertrag

165   Ein befristetes Mietverhältnis endet grundsätzlich durch Zeitablauf, also dann,
wenn der im Vertrag bestimmte Zeitpunkt eingetreten oder die Frist abgelaufen ist. Vorher ist allenfalls eine fristlose Kündigung oder ein Mietaufhebungsvertrag möglich (vgl. LG Frankfurt WM 81, 10).
Oft werden Sie aber in der Wohnung bleiben wollen. Das ist relativ unpro-
blematisch, wenn Sie im Vertrag eine Verlängerungsklausel haben. Soll die
Verlängerung hierbei jeweils **für einen bestimmten Zeitraum** gelten (z. B.:
„Das Mietverhältnis dauert zunächst bis zum 31.12.1983, es verlängert sich

jeweils um ein Jahr, wenn es nicht zuvor unter Einhaltung der gesetzlichen Frist gekündigt wird"), so entsteht quasi jedesmal wieder ein neues befristetes Mietverhältnis, das immer nur zum Ende der Frist, im Beispiel jeweils zum 31. Dezember, gekündigt werden kann. Der Vermieter muß für seine Kündigung dann aber ein berechtigtes Interesse geltend machen, da sonst die Kündigungsschutzvorschriften unterlaufen werden können (vgl. hierzu Rdnr. 182 und 188 ff.).

Lautet die Verlängerungsklausel dahin, daß sich das Mietverhältnis nach Ablauf der Frist **auf unbestimmte Zeit** verlängern soll, wenn es nicht mit gesetzlicher Kündigungsfrist gekündigt wird, so entsteht nach Ablauf der Grundfrist ein unbestimmtes Mietverhältnis, das hinsichtlich der Kündigung genauso zu behandeln ist wie ein von Anfang an auf unbestimmte Zeit abgeschlossenes, es gilt also das zu Rdnr. 169 ff. und 177 ff. Gesagte.

166   Haben Sie **keine solche Verlängerungsklausel** im Vertrag, so können Sie dennoch oft die Fortsetzung des Mietverhältnisses gemäß der sog. „Sozialklausel" verlangen, also dann, wenn der Auszug für Sie eine „unbillige Härte" bedeuten würde (vgl. im einzelnen Rdnr. 196 ff., sowie 214). Sie müssen also spätestens zwei Monate vor Beendigung des Mietverhältnisses ein Schreiben etwa folgenden Inhalts an den Vermieter richten (diese Zweimonatsfrist entfällt, wenn Sie nicht auf sie aufmerksam gemacht worden sind):

„Hiermit verlange ich die Fortsetzung des Mietverhältnisses über den vertragsmäßigen Beendigungszeitpunkt vom .... hinaus, da eine Beendigung zu diesem Zeitpunkt für mich eine unbillige Härte bedeuten würde".

Gründe hierfür brauchen Sie erst auf Verlangen des Vermieters zu nennen. (Zu den möglichen Gründen vgl. Rdnr. 202).

Gegenüber dem zu Rdnr. 196 ff. und 214 Gesagten gilt bei befristeten Mietverhältnissen folgende Besonderheit: Ist das Mietverhältnis deswegen von vornherein befristet worden, weil der Vermieter vom vereinbarten Beendigungszeitpunkt an ein „berechtigtes Interesse" (vgl. zum Begriff Rdnr. 188 ff.) an der Rückgabe der Wohnung hat (z.B. Eigenbedarf), und war Ihnen dieses bei Vertragsabschluß bekannt, so können Sie für Ihr Fortsetzungsverlangen nur Gründe anführen, die nachträglich entstanden sind, also z.B. Krankheit, unerwartet vor- oder nachverlegtes Examen. Für das Weitere gilt ebenfalls das bei Rdnr. 196 ausgeführte: Kommt es zum Prozeß, so wird das berechtigte Interesse des Vermieters an der Räumung der Wohnung gegen Ihre Härtegründe abgewogen, und je nach Ausgang dieser Abwägung zu Ihren oder des Vermieters Gunsten entschieden.

Hat der Vermieter kein Interesse an der Räumung geltend gemacht (weder bei Vertragsabschluß noch später), so setzt sich das Mietverhältnis auf Ihr eben genanntes Schreiben hin auf unbestimmte Zeit fort, ohne daß es einer weiteren Erklärung des Vermieters bedürfte.

2. Zeitmietvertrag

166a   Gemäß § 564c BGB ist seit dem 1.1.1983 die Vereinbarung von sogenannten Zeitmietverträgen zulässig. Der Unterschied zu den bisherigen befristeten Mietverträgen, für die der bisherige Rechtszustand fortgilt, ist der, daß der Mieter unter den folgenden Voraussetzungen keine Fortsetzung des Mietverhältnisses mehr verlangen kann:

a) Das Mietverhältnis darf nicht für mehr als 5 Jahre eingegangen sein.

b) Der Vermieter muß die Absicht haben, die vermieteten Räume zum Eigenbedarf zu nutzen oder sie in zulässiger Weise zu beseitigen oder so wesentlich zu verändern oder instandzusetzen, daß die Maßnahmen durch eine Fortsetzung des Mietverhältnisses erheblich erschwert würden.

c) Der Vermieter muß dem Mieter diese Absicht bei Vertragsabschluß schriftlich mitteilen.

d) Der Vermieter muß dem Mieter drei Monate vor Ablauf der Mietzeit schriftlich mitteilen, daß eine solche Verwendungsabsicht immer noch besteht.

Die genannten Voraussetzungen müssen alle nebeneinander vorliegen. Dies bedeutet nun aber im Unterschied zur Regelung des Eigenbedarfs in § 564b BGB nicht, daß der Vermieter die Räume auch tatsächlich benötigt. Ausreichend ist vielmehr, daß er den Willen kundtut, sie selbst oder durch ihm nahe stehende Personen zu nutzen oder die Räume abzureißen oder erhebliche bauliche Veränderungen oder Instandsetzungen vornehmen zu wollen. Ob eine solche Baumaßnahme wirtschaftlich sinnvoll ist oder bei ihrem Unterbleiben dem Vermieter erhebliche Nachteile einbringen würde, spielt ebenfalls im Unterschied zu § 564b BGB keine Rolle.

Für den Fall, daß sich die beabsichtigte Verwendung der Räume ohne ein Verschulden des Vermieters erst zu einem späteren Zeitpunkt verwirklichen läßt, als im Mietvertrag vorgesehen, kann der Mieter eine Verlängerung des Mietverhältnisses auf Zeit, jedoch nicht auf Dauer verlangen. Nur wenn die Höchstfrist von 5 Jahren seit Beginn des Mietverhältnisses überschritten würde, kann eine Verlängerung des Mietverhältnisses nach § 564b BGB verlangt werden.

Durch § 564b Abs. 2 BGB wird eine Verlängerung des Mietverhältnisses aufgrund der Sozialklausel ausgeschlossen. Auch die Vorschriften über die Räumungsfrist sind beim Zeitmietvertrag ausgeschlossen.

III. Mietaufhebungsvertrag, Ersatzmieter

167   Das Mietverhältnis kann auch im Einverständnis zwischen Mieter und Vermieter aufgehoben werden. Für Sie kann ein solcher Aufhebungsvertrag insbesondere dann von Interesse sein, wenn Sie vorzeitig aus einem befristeten Mietverhältnis ausscheiden wollen. Auch werden Ihnen, falls Sie einmal plötzlich die Wohnung wechseln müssen, die Kündigungsfristen, die ja mindestens 3 Monate betragen, unter Umständen zu lang sein. Ein Aufhebungsvertrag ist dann mit dem Vermieter zustande gekommen, wenn Sie sich mit ihm darüber einig sind, zu welchem Zeitpunkt und zu welchen sonstigen Bedingungen die Auflösung eintreten soll.

Der Vermieter braucht grundsätzlich einen Mietaufhebungsvertrag nicht abzuschließen, es sei denn, daß in Ihrem Mietvertrag die oben (Rdnr. 59) vorgeschlagene Ersatzmieterklausel enthalten ist.

168   Haben Sie keine solche Ersatzmieterklausel im Vertrag, und verweigert der Vermieter den Abschluß eines Mietaufhebungsvertrages, so gilt folgendes: Bei Mietverträgen mit kurzen Kündigungsfristen (z.B. die normale gesetzliche Frist von drei Monaten) wird in der Regel ein Anspruch des Mieters auf vorzeitige Auflösung des Mietverhältnisses verneint. Der Ablauf der Kündigungsfrist wird für diese Fälle als zumutbar angesehen (OLG Oldenburg WM 82,124). Etwas anderes gilt für längerfristige Mietverträge. Hat der Mieter in einem solchen Fall erhebliche Gründe für die vorzeitige Beendigung des Mietvertrages und bietet er dem Vermieter mindestens einen geeigneten und diesem zumutbaren Nachmieter an, so ist dieser verpflichtet, den Mieter aus dem Mietverhältnis zu entlassen.

Als erhebliche Gründe werden z.B. anerkannt die berufsbedingte Versetzung in einen anderen Ort (LG Hambug WM 88, 125; AG Hamburg WM 89, 106), Umzug in ein Heim wegen Pflegebedürftigkeit oder der Auszug aus der Wohnung, um in Zukunft mit dem Lebensgefährten zusammenziehen zu können (AG Wiesbaden WM 88, 400). Erhebliche Gründe sind auch gegeben, wenn die bisherige Wohnung etwa wegen Heirat oder wegen der Geburt von Kindern zu klein, oder aber wegen dem Tod eines Mitbewohners zu groß geworden ist (OLG Karlsruhe WM 81, 173).

Gewichtige Gründe wird man dem Mieter auch zubilligen müssen, wenn er wegen nach Vertragsschluß eintretender Arbeitslosigkeit finanziell nicht mehr in der Lage ist, die Wohnung zu bezahlen.

Der Vermieter braucht sich nur auf einen für ihn zumutbaren und geeigneten Nachmieter einzulassen. Dieser muß bereit sein, das Mietverhältnis zu den bisherigen Bedingungen für die restliche Vertragsdauer fortzusetzen.

Daß der Nachmieter Ausländer ist, rechtfertigt die Ablehnung selbstverständlich nicht. Ob der Vermieter ein unverheiratetes Paar akzeptieren muß, hängt von den Umständen des Einzelfalles ab (OLG Hamm WM 83, 228).

Allerdings darf der Vermieter dem Mieter nicht seine Moralvorstellungen aufzwingen. Dies gilt um so mehr, je stärker die Anonymität zwischen Vermieter und Mieter ausgeprägt ist, etwa in großen Wohnblocks u.ä.

Verlangt der Vermieter vom Ersatzmieter zusätzliche belastende Vertragsbedingungen, z.B. eine erhebliche Mieterhöhung, und scheitert der Vertrag daran, so wird der Mieter auch dann frei (LG Hamburg WM 88, 125). Das gleiche gilt, wenn es der Vermieter von vornherein ablehnt, überhaupt Vorschläge von Nachmietern zu prüfen (AG Gelsenkirchen WM 83, 231).

IV. Kündigung durch den Mieter

1. Formvoraussetzungen

169   Folgende Formvoraussetzungen müssen Sie beachten, wenn Sie Ihr Mietverhältnis kündigen wollen. (Im Zusammenhang mit der Vermieterkündigung findet sich eine ausführliche Darstellugn bei Rdnr. 205):

— Die Kündigung muß **schriftlich** erfolgen (Ausnahme: wenn die Wohnung nur zu vorübergehendem Gebrauch gemietet wurde, oder wenn sie als Teil der vom Vermieter selbst bewohnten Wohnung, möbliert und nicht zum dauernden Gebrauch, an eine Familie überlassen wurde, Definition Rdnr. 184/185).

— Die Kündigung muß vom Wortlaut her eindeutig sein.

— Ist die sich aus der Kündigungsfrist (vgl. Rdnr. 171) ergebende Beendigungszeit nicht angegeben, oder ist sie falsch errechnet, so wird die Kündigung zum nächstmöglichen Zeitpunkt wirksam.

— Die Kündigung muß dem Vermieter **zugehen** . Beachten Sie: Mit einem eingeschriebenen Brief (meist ist in den Verträgen dieser vorgeschrieben) können Sie nur die Absendung, nicht auch den Zugang der Post nachweisen! Wenn Sie also Grund zu der Annahme haben, daß der Vermieter den Zugang leugnen möchte, so bedienen Sie sich des Einschreibens mit Rückantwortschein. Oder übergeben Sie die Kündigung persönlich gegen Unterzeichnung einer Empfangsquittung. Verweigert der Vermieter dann die Annahme und Quittung, so gilt die Kündigung trotzdem als zugegangen, daher Zeugen mitnehmen!

— Bei mehreren Mietern oder Vermietern muß von **allen** an alle gekündigt werden (wichtig insbesondere bei Wohngemeinschaften, vgl. Rdnr. 64-67).

— Ist ein Hausverwalter vorhanden, so ist die Kündigung nur dann an diesen zu richten, wenn er im Vertrag ausdrücklich auch zum Empfang der Kündigung berechtigt ist; eine allgemeine Ermächtigung zur Entgegennahme sonstiger Erklärungen genügt nicht!

2. Ordentliche Kündigung, Fristen

170   Ein unbefristetes Mietverhältnis (zum befristeten vgl. Rdnr. 165 ff.) kann vom Mieter grundsätzlich **jederzeit** unter Einhaltung der gesetzlichen Kündigungsfristen, im übrigen ohne Angabe von Gründen, gekündigt werden, im Gegensatz zum Vermieter, der in der Regel ein Interesse an der Kündigung nachweisen muß (vgl. Rdnr. 182 ff.). Beachten Sie, daß die gelegentlich anzutreffende Vertragsklausel, wonach die Kündigung immer nur zum Schluß bestimmter Kalendermonate, also z.B. jeweils zum Quartalsende, möglich sein soll, nichtig ist.

171   Die Kündigungsfristen sind regelmäßig folgende:
— mindestens drei Monate
— sechs Monate, wenn das Mietverhältnis mehr als 5 Jahre gedauert hat,
— neun Monate, wenn das Mietverhältnis mehr als 8 Jahre gedauert hat,
— zwölf Monate bei einer Dauer des Mietverhältnisses von mehr als 10 Jahren.
Diese Fristen dürfen im Mietvertrag zu Gunsten (nicht aber zu Lasten) des Mieters gekürzt werden (LG Karlsruhe WM 88, 403).
Die Kündigung muß spätestens am 3. Werktag des ersten zur Frist zählenden Monats dem Empfänger zugegangen sein. Beispiel: Sie wollen zum 31. Mai kündigen, Kündigungsfrist 3 Monate; dann muß die Kündigung am 3. März beim Vermieter ankommen. Ist am 1., 2. oder 3. März ein Sonn- oder Feiertag, so genügt Zugang am 4. März; ist der 3. ein Samstag, so reicht Zugang am 5. März,.

172   Eine Besonderheit gilt für Wohnraum, der Teil der vom Vermieter selbst bewohnten Wohnung und nicht zum dauernden Gebrauch an eine Familie vermietet ist (Definition Rdnr. 185). Dort richtet sich die Kündigungsfrist nach den Zeitabständen, in denen die Miete zu entrichten ist. Wenn, wie üblich, der Mietzins nach Monaten bemessen ist, kann spätestens am 15. jedes Monats für den Ablauf dieses Monats gekündigt werden.

3. Die fristlose Kündigung

173   Die fristlose Kündigung wird sofort wirksam. Sie berechtigt den Mieter zum sofortigen Auszug, sowie zur Mietzinsverweigerung ab Auszug. Sie ist dem Mieter in drei Fällen möglich:

a. Gebrauchsentzug

174   Schon vor dem Einzug können Sie kündigen, wenn der Vermieter die Wohnung nicht rechtzeitig zur Verfügung stellt (§ 542 BGB). Dasselbe gilt, wenn
Ihnen nach dem Einzug der Gebrauch der Wohnung oder eines Teils davon
wieder entzogen wird, etwa, indem der Vermieter ein mitgemietetes Zimmer
eigenmächtig selbst benutzt. In beiden Fällen müssen Sie den Vermieter vorher (am besten schriftlich) ,,abmahnen", und ihm eine angemessene Frist
zur Beseitigung der Störung einräumen.
Ein solches Schreiben kann etwa folgendermaßen aussehen:

> ,,*Zum 1. September 1979 habe ich vertragsgemäß die Wohnung in der
> Hauptstr. 345 bezogen. Noch heute, am 5. September, bewohnt Ihr Sohn
> das laut Vertrag zu meiner Wohnung gehörende, separat zugängliche
> Zimmer. Er erklärte mir, das für ihn bestimmte Zimmer in Ihrem neuer-
> stellten Haus sei noch nicht bezugsfertig.*
> *Dieser Umstand geht aber zu Ihren Lasten. Ich fordere Sie daher gem.
> § 542 Abs. 1 S. 2 BGB auf, das Zimmer binnen einer Woche, also späte-
> stens am 13. September, freizumachen. Widrigenfalls werde ich von mei-
> nem Recht zur fristlosen Kündigung gem. § 542 BGB Gebrauch machen.
> Auf eventuelle, für Sie entstehende Schadensersatzpflichten mache ich
> Sie aufmerksam.*
> *Unabhängig davon werde ich wegen der bereits eingetretenen Ge-
> brauchsbeeinträchtigung die Septembermiete gem. § 537 BGB um
> 20 % mindern und den entsprechenden Betrag von der nächsten Mo-
> natsmiete einbehalten.*"

b. Gesundheitsgefährdung

175   Fristlos kündigen können Sie auch, wenn sich die Räume in einem ,,gesund-
heitsgefährdenden Zustand" befinden (§ 544 BGB), also etwa bei lebens-
gefährlichen Treppen, völlig feuchten Wänden oder unerträglichem Gestank
(es sei denn, natürlich, Sie hätten diese Mängel selbst verursacht).

c. Schuldhafte Pflichtverletzung

176   Die fristlose Kündigung ist ferner möglich, wenn der Vermieter seine Pflichten schuldhaft so verletzt, insbesondere den Hausfrieden so stört, daß Ihnen das Verbleiben in der Wohnung nicht zugemutet werden kann (§ 554a
BGB). Hier kommen allerdings nur schwerwiegende Pflichtverletzungen in
Betracht (vgl. auch Rdnr. 218). Eine vorherige Abmahnung ist nicht erforderlich (LG Duisburg WM 88, 17).

V. Kündigung durch den Vermieter

1. Allgemeines

177 „Es ist heute leichter, eine Ehe zu scheiden, als einen Mieter los zu werden", so schreibt ein Freiburger Makler in einer an Hausbesitzer gerichteten Werbeschrift (dieselbe Firma bietet sich natürlich auch Wohnungssuchenden als Freund und Helfer an — doch das nur am Rande). Der Spruch mit der Scheidung stimmt natürlich nicht. Zugegeben ist allerdings, daß das Vermieterkündigungsrecht relativ mieterfreundlich ausgestattet ist. Aber: es ist auch kompliziert. Wer nicht durchblickt, dessen Schutz läuft leer.

Daher unsere Bitte: Lesen Sie den folgenden Abschnitt besonders aufmerksam. Denn das Kündigungsschutzrecht bietet Ihnen ungeahnte Möglichkeiten, Zeit zu schinden und Geld zu sparen. Wenn Sie z.B. das Glück haben, eine besonders billige oder universitätsnahe Wohnung zu besitzen, so bedeutet jeder Monat, den Sie länger bleiben können, bares Geld für Sie. In einem Fall, der die Freiburger Gemüter erhitzte, konnte eine Wohngemeinschaft, die zwei zum Abbruch bestimmte Häuser bewohnte, an die zwei Jahre Zeit gewinnen.

178 Viele Vermieterkündigungen entsprechen nicht den gesetzlichen Vorschriften und sind damit ungültig. Überprüfen Sie also jede Kündigung anhand der nachfolgenden Ausführungen daraufhin, ob sie gültig ist. Ist sie ungültig, so brauchen Sie sich überhaupt nicht um sie zu kümmern. Auf diese Weise können Sie am meisten Zeit gewinnen: Erst wenn der Vermieter nach Ablauf der Kündigungsfrist von Ihnen Räumung verlangt, weisen Sie ihn auf die Ungültigkeit der Kündigung hin. Er muß dann nochmals kündigen, und die Frist beginnt neu zu laufen.

179 Dieses Vorgehen empfiehlt sich allerdings nur, wenn die Kündigung völlig eindeutig unwirksam ist. In Zweifelsfällen könnten Sie sich damit ins eigene Fleisch schneiden. Bei nicht eindeutiger Lage sollten Sie dem Vermieter schriftlich mitteilen, daß und aus welchen Gründen die Kündigung Ihrer Ansicht nach unwirksam ist. Er muß sich dann weiter erklären, und Sie können ggfs. auf einen Prozeß zusteuern.

Wie bei der Kündigung durch den Mieter wird zwischen der normalen, sog. „ordentlichen" Kündigung und der „außerordentlichen" fristlosen Kündigung unterschieden. Letztere kommt nur bei groben Vertragsverletzungen oder Mietzinsrückständen in Betracht (s. dazu Rdnr. 215 ff.).

2. Der Kündigungsschutz
a. Verwerfliche Kündigungsgründe

180 Eine Vermieterkündigung kann zunächst immer deswegen unwirksam sein, weil die Beweggründe dafür verwerflich sind, oder weil sie sich als rechtsmißbräuchlich darstellt. Das zu beweisen, wird allerdings immer sehr schwierig sein, weswegen man diese Möglichkeit, einer Kündigung zu widersprechen, nicht überbewerten sollte. Ein eindeutiger Fall läge z.B. dann vor, wenn der Vermieter offensichtlich nur aus Verärgerung darüber gekündigt hätte, daß der Mieter auf einem vertraglich verbrieften Recht bestanden hat oder sich gegen eine ungerechtfertigte Maßnahme des Vermieters gewehrt hat (vgl. auch Rdnr. 54).

b. Grundsatz des Kündigungsschutzes

181 Im übrigen gilt zunächst folgender Grundsatz des Kündigungsschutzes: Anders als der Mieter, der ein unbefristetes, also auf unbestimmte Zeit abgeschlossenes Mietverhältnis jederzeit unter Einhaltung der gesetzlichen Fristen kündigen kann, ist der Vermieter **nicht** befugt, den Mieter beliebig, ohne Angabe von Gründen auf die Straße zu setzen. Er muß hierzu vielmehr ein sog. ,,berechtigtes Interesse'' haben und nachweisen. (In welchen Fällen das vorliegt, lesen Sie bitte bei Rdnr. 189 ff.).

Auch wenn der Vermieter ein berechtigtes Interesse an der Kündigung hat, kann u.U. die sog. ,,Sozialklausel'' eingreifen, d.h. Sie können der Kündigung widersprechen, und das Mietverhältnis muß dann fortgesetzt werden, wenn die Kündigung für Sie aus bestimmten Gründen eine besondere Härte darstellen würde. (Dazu Rdnr. 196 ff.).

c. Wann gilt kein Kündigungsschutz?

182 Zunächst sei aber noch angegeben, für welche Art von Wohnraum der eben angedeutete Kündigungsschutz **nicht** gilt.

183 aa. Bei Wohnraum, der ,,nur zu vorübergehendem Gebrauch'' vermietet ist. Das ist z.B. eindeutig der Fall bei Ferienwohnungen. Es ist jedoch — wenn bei Vertragsabschluß nicht ausdrücklich davon die Rede war — nicht der Fall bei Studentenbuden (LG Freiburg ZMR 80, 143); auch nicht bei möblierten (diese können aber u.U. den zu Rdnr. 185 beschriebenen Fällen zuzuordnen sein, s. dort). Gerade angesichts der heutigen Situation, da ein Wechsel des Studienortes kaum mehr möglich ist, kann also nicht mehr davon ausgegangen werden, daß ein Student sein Zimmer nur vorübergehend mieten will (AG Bonn WM 88, 23). Etwas anderes könnte allenfalls dann gelten, wenn das Zimmer dem Studenten z.B. im Hinblick darauf vermietet wird, daß er in Kürze sein Examen machen und dann wegziehen will. Möchte er hin-

terher doch bleiben, so kann sich der Vermieter wohl darauf berufen, daß das Zimmer nur „zu vorübergehendem Gebrauch" überlassen wurde.

184   bb. Eine zweite Art von Wohnraum, die ebenfalls nicht am Kündigungsschutz teilnimmt, kommt für Studenten häufiger in Betracht: möblierter Wohnraum, der zur Wohnung des Vermieters gehört und nicht zum dauernden Gebrauch einer Familie überlassen ist.

185   Also drei Voraussetzungen:

(1) Der Wohnraum muß möbliert sein, d.h. er muß vom Vermieter ganz oder überwiegend mit Einrichtungsgegenständen versehen sein.

(2) Die Räume müssen zur Wohnung des Vermieters gehören. Vorsicht! Das kann auch bei separat zugänglichen Zimmern der Fall sein, sogar bei solchen, die eine Etage höher oder unterm Dach liegen. Maßgeblich ist, ob Küche, Bad, Dusche und/oder WC beim Vermieter mitbenutzt werden müssen (AG Halle WM 83, 144). Haben Sie also in Ihrem Zimmer eine Waschgelegenheit und ein separates WC, so daß Sie die Wohnung Ihres Vermieters überhaupt nicht zu betreten brauchen, so gehört das Zimmer sicher nicht zur Wohnung des Vermieters.

(3) Auch wenn die Voraussetzungen (1) und (2) vorliegen, so ist trotzdem Kündigungsschutz gegeben, wenn die Räume einer Familie zum dauernden Gebrauch (Gegensatz: nur vorübergehender, s. oben) überlassen sind. Als Familie gilt auch ein Ehepaar ohne Kind oder ein einzelner Elternteil mit Kind, nicht jedoch ein unverheiratetes Paar.

186   cc. Für sogenannte **Einliegerwohnungen**, das sind Wohnungen in Zweifamilienhäusern, wobei der Vermieter eine der Wohnungen selbst bewohnt, gilt eine Abweichung. Der Vermieter kann entweder ein berechtigtes Interesse an der Kündigung geltend machen — dann bestehen die normalen Fristen (vgl. Rdnr. 171), und auch sonst verhält sich alles wie bei normalen, dem Kündigungsschutz unterliegenden Wohnungen. Der Vermieter braucht sich aber **nicht** auf ein **berechtigtes Interesse** zu berufen, sondern kann ohne Angabe von Gründen kündigen — dann allerdings verlängern sich die in Rdnr. 171 genannten Kündigungsfristen um jeweils drei Monate, so daß die Frist minimal sechs Monate beträgt. Die Sozialklausel (vgl. Rdnr. 196 ff.) gilt aber auch bei Einliegerwohnungen!

187   dd. Entgegen hartnäckigen Gerüchten ist also festzuhalten, daß **Studentenzimmer**, von den eben beschriebenen Ausnahmen abgesehen, am Kündigungsschutz teilnehmen. (Wegen Zimmern in Studentenwohnheimen vgl. Rdnr. 187a). Auch möblierte Zimmer genießen diesen Schutz. Besonders hingewiesen sei auf Fälle, in denen ganze Wohnungen oder Etagen als möblierte Einzelzimmer vermietet werden. Diese in Uni-Städten immer häufi-

ger werdende, weil besonders profitträchtige Manier bringt den Bewohnern also wenigstens den Vorteil, daß sie vollen Kündigungsschutz genießen.

187a   ee. Seit dem 1.1.1983 gelten gem. § 564b BGB die Vorschriften über den Kündigungsschutz nicht mehr für **Studenten- und Jugendwohnheime.** Dies bedeutet, daß die Träger von Studentenwohnheimen, dies gilt für öffentliche wie für private Vermieter, sich nicht mehr auf die in 564b BGB genannten oder vergleichbare berechtigten Interessen bei einer Kündigung zu berufen brauchen. Dem Rotationsprinzip, d.h. der semesterweisen Vermietung von Studentenzimmern, steht juristisch nichts mehr im Wege.

d. ,,Berechtigte Interessen'' an der Kündigung

188   Im folgenden werden nun die einzelnen Voraussetzungen beschrieben, unter denen der dem Kündigungsschutz unterliegende Wohnraum vom Vermieter gekündigt werden kann. Wie bereits angedeutet, muß der Vermieter ein ,,berechtigtes Interesse'' an der Kündigung nachweisen. Das Gesetz nennt folgende Fälle eines berechtigten Interesses (theoretisch sind noch andere Fälle denkbar, sie dürften aber kaum je praktisch werden):

189   **aa. Schuldhafte, nicht unerhebliche Vertragsverletzung gemäß § 564 Abs. 2 Nr. 1 BGB**

Eine solche Vertragsverletzung liegt immer dann vor, wenn der Vermieter auch eine fristlose Kündigung aussprechen könnte (s. dazu Rdnr. 216 ff.), hiervon aber keinen Gebrauch machen will. Es kommen aber auch Fälle von geringerer Bedeutung in Frage, nicht jedoch einzelne, abgeschlossene Pflichtverletzungen, ebenso bleiben natürlich völlig unerhebliche oder entschuldbare Pflichtverletzungen außer Betracht. Der Vermieter muß sich in diesem Fall im Kündigungsschreiben konkret über die Art, die Dauer und den Zeitpunkt der Pflichtverletzungen auslassen.

Hierbei Einzelfälle aufzuzählen, wäre wenig sinnvoll, da es immer auf die gesamten Umstände des konkreten Falles ankommt, und die Gerichte auch noch nicht völlig einheitlich urteilen. Allgemein läßt sich sagen, daß es sich bei einer solchen Kündigung wegen angeblicher Pflichtverletzung immer empfiehlt, Widerspruch zu erheben (zum Verfahren: s. Rdnr. 207 ff.). Denn wenn die Pflichtverletzung schon so relativ geringfügig ist, daß der Vermieter nicht wagt, darauf eine ihm wesentlich günstigere fristlose Kündigung zu stützen, so wird dieses Fehlverhalten oft auch keine ordentliche Kündigung der hier beschriebenen Art tragen.

190   **bb. Eigenbedarf des Vermieters**

Ein berechtigtes Interesse des Vermieters an der Kündigung des Mietverhältnisses liegt auch dann vor, wenn dieser die Mietsache als Wohnräume für sich, die zu seinem Hausstand gehörenden Personen oder für seine Familienangehörigen benötigt.

Unter den „zu seinem Hausstand gehörenden Personen" sind alle Personen zu verstehen, die seit längerem mit dem Vermieter in enger Hausgemeinschaft leben (z.b. auch eine Hausgehilfin). Familienangehörige sind alle Verwandten, z.b. Eltern, Geschwister, auch wenn diese nicht im Haushalt des Vermieters leben, außerdem entferntere Verwandte, denen gegenüber rechtlich oder zumindest moralisch eine Fürsorgepflicht des Vermieters besteht (AG Delmenhorst WM 81, U 17).

Welche Interessen des Vermieters seinen Eigenbedarf begründen können, ist immer wieder Gegenstand gerichtlicher Auseinandersetzungen zwischen den Mietparteien. Das Bundesverfassungsgericht und der Bundesgerichtshof haben sich in mehreren (vermieterfreundlichen) Entscheidungen zur Frage des Eigenbedarfs geäußert. Danach besteht ein berechtigtes Interesse des Vermieters, wenn dieser vernünftige und nachvollziehbare Gründe für seinen Entschluß zur Eigennutzung vorweisen kann (BGH WM 88, 47). Diese sind bereits im Kündigungsschreiben so deutlich darzulegen, daß sich der Mieter Klarheit über die Ansichten seines Widerspruchs verschaffen kann (BVerfG WM 89, 483). Hierbei kommt es ausschließlich auf die Belange des Vermieters an. Die im Einzelfall vorliegenden Interessen des Mieters an einer Aufrechterhaltung des Mietverhältnisses sind erst auf seinen Widerspruch gegen die Kündigung nach § 556a BGB (vgl. Rdnr. 196 ff.) hin zu beachten (BVerfG WM 89, 114; BGH WM 88, 47).

Trotz dieser Grundsatzentscheidungen gilt zugunsten des Mieters nach wie vor folgendes:

Vorgeschobene Kündigungen verdienen keinen Schutz (BVerfG NJW 89, 970, 971). Vorgetäuschter Eigenbedarf verpflichtet den Vermieter nicht nur zum Schadensersatz (OLG Karlsruhe WM 82, 11; LG Kassel WM 87, 85), sondern stellt in der Regel einen strafbaren Prozeßbetrug dar (OLG Zweibrücken WM 83, 209). Das gleiche gilt, wenn es der Vermieter unterläßt, den Mieter von einem Wegfall der Eigenbedarfsgründe vor Ablauf der Kündigungsfrist oder vor der Räumung der Wohnung zu unterrichten.

Kein schutzwürdiges Interesse des Vermieters begründet auch vernunftwidriger Eigenbedarf, der etwa dann vorliegen kann, wenn die gekündigte Wohnung für die Familiengröße des Vermieters völlig unzureichend ist, also Unterbedarf geltend gemacht wird (LG Frankfurt WM 89, 246). Rechtsmißbräuchlich und damit unwirksam ist eine Kündigung auch dann, wenn weit überhöhter Wohnraumbedarf geltend gemacht wird, so der Bedarf an einer 84 qm großen 3-Zimmer-Wohnung für die Nutzung an 10 Tagen im Monat (LG Berlin WM 90, 23) oder der Bedarf des Enkels des Vermieters an einem

90 qm großen Haus, das er für sich allein nutzen will, um selbständiger zu werden (LG Stade WM 90, 23).

Eine Eigenbedarfskündigung aus Gründen, die bereits bei Abschluß des Mietvertrages vorlagen und die der Vermieter kannte, ist nicht zulässig. Der Eigenbedarf muß vielmehr nach Vertragsschluß entstanden sein (LG Karlsruhe WM 88, 276). Dies kann allerdings nicht zeitlich unbegrenzt gelten. Vielmehr können auch solche Gründe nach Ablauf von fünf Jahren geltend gemacht werden (BVerfG NJW 89, 970, 972), da der Vermieter auch nur bis zu dieser Frist einen Zeitmietvertrag hätte abschließen können. Eigenbedarf kann nur von einer natürlichen Person geltend gemacht werden, nicht jedoch von einer GmbH (AG Köln WM 88, 161) oder einer KG (LG Karlsruhe WM 85, 148).

Zwar kann der Vermieter auch im Mietprozeß Eigenbedarfsgründe nachtragen (BVerfG WM 88, 246); dies enthebt ihn jedoch nicht der Aufgabe, die Eigenbedarfsgründe bereits im Kündigungsschreiben darzulegen (LG Hamburg WM 88, 275; LG München I WM 88, 366). Hierzu gehört in der Regel die Person, für die der Wohnraum benötigt wird, sowie der konkrete Sachverhalt, der den Eigenbedarf begründet (LG Kleve WM 87, 26). Pauschale Formulierungen, wie z.B. die Angabe, die Wohnung werde ,,dringend für eigene Nutzung benötigt'', genügen nicht (LG Berlin WM 88, 401).

Eine abweichende Regelung zugunsten des Mieters gilt bei Eigentumswohnungen. Ist an den Wohnräumen nach der Überlassung an den Mieter Wohnungseigentum begründet und veräußert worden, so kann der Erwerber frühestens nach Ablauf von drei Jahren seit der Veräußerung wegen Eigenbedarfs kündigen (§ 564b Abs. 2 Nr. 2 Satz 2 BGB).

191 ### cc. Angemessene wirtschaftliche Verwertung des Grundstücks

Gemäß § 564b Abs. 3 Nr. 3 BGB hat der Vermieter ein berechtigtes Interesse an der Kündigung, wenn er durch die Fortsetzung des Mietverhältnisses an einer angemessenen wirtschaftlichen Verwertung des Grundstücks gehindert wäre und dadurch erhebliche Nachteile erleiden würde. Die Möglichkeit, im Falle einer anderweitigen Vermietung als Wohnraum eine höhere Miete zu erzielen, bleibt dabei außer Betracht. Der Vermieter kann sich auch nicht darauf berufen, daß er die Mieträume als Wohnungseigentum veräußern will.

Bei der Frage, welche wirtschaftliche Verwertung des Grundstücks ,,angemessen'' ist, sind insbesondere die wirtschaftlichen und persönlichen Verhältnisse des Vermieters zu berücksichtigen. Zu berücksichtigen ist auch, ob die Art der Verwertung öffentlichen Interessen entspricht oder ob sie diesen entgegen steht. Als angemessen gilt z.B., wenn die erzielten Gewinne für Unterhalt, Altersversorgung, Herstellung neuen Wohnraums oder Investitionen verwendet werden sollen. Als angemessen wird auch angesehen, wenn das Grundstück nach Beseitigung abbruchreifer Gebäude neu bebaut werden soll. Daß in vielen Fällen die Abbruchreife der Wohnungen erst dadurch zustande kam, daß keinerlei Renovierungen mehr vom Vermieter vorgenommen worden sind, steht auf einem anderen Blatt. ,,Erhebliche Nachteile" für den Vermieter können darin liegen, daß das Grundstück über längere Zeit keine Nutzungen mehr bringt und überwiegend Kosten verursacht. Wie bei der Kündigung wegen Eigenbedarfs macht sich der Vermieter dann schadensersatzpflichtig, wenn er bewußt Wahrheitswidriges behauptet, aufgrund dessen eine Kündigung möglich wäre. Dies gilt gemäß OLG Hamm WM 84, 94, allerdings dann nicht, wenn der Vermieter wahrheitsgemäße Angaben macht, das Gericht aber kein berechtigtes Interesse des Vermieters an der Beendigung des Mietverhältnisses feststellen kann. Schadensersatzansprüche des Mieters bestehen nach dieser Entscheidung nur dann, wenn Umstände dafür zutage treten, daß der Vermieter in unredlicher Weise (d.h. bewußt wahrheitswidrig) von seinem Kündigungsrecht Gebrauch gemacht hat. § 564b Abs. 3 Nr. 3 BGB ist das Hinkebein des sogenannten sozialen Mietrechtes. Diese Vorschrift ermöglicht es Spekulanten, ältere Häuser abzureißen und an ihrer Stelle teure Appartementwohnungen oder Geschäftshäuser zu errichten. Diese sinnlose Vernichtung billigen Wohnraums geht so vor sich, daß man ältere, aber gut erhaltene Wohnhäuser bewußt vergammeln läßt, um schließlich zu behaupten, diese seien nicht mehr wirtschaftlich verwertbar, d.h. profitträchtig zu vermieten. Gerade studentische Wohngemeinschaften, Gastarbeiterfamilien und andere sozial schwache Gruppen sind immer wieder von derartigen Machenschaften betroffen. Um dieser Vernichtung preiswerten Wohnraums entgegenzuwirken, hat der Gesetzgeber des Bundes in Art. 6 § 1 des Gesetzes zur Verbesserung des Mietrechts (MRVerbG) den Ländern die Möglichkeit eröffnet, beabsichtigte oder durchgeführte Nutzungsänderungen bei Wohnraum einer besonderen Genehmigungspflicht zu unterwerfen.

So haben die meisten Bundesländer durch den Erlaß von sog. ,,Zweckentfremdungsverordnungen" versucht, wenigstens in einigen Gemeinden, in denen Wohnraum besonders knapp ist, der spekulativen Wohnraumvernichtung einen Riegel vorzuschieben.

192   In folgenden Gemeinden bedarf jeder Eingriff in den Wohnraumbestand der Zweckentfremdungsgenehmigung durch die Verwaltungsbehörde (Verzeichnis aus: Schmidt-Futterer/Blank ,,Wohnraumschutzgesetze", 6. Auflage 1988:

Baden-Württemberg Freiburg, Heidelberg, Konstanz, Mannheim, Stuttgart, Tübingen

Bayern	Aschaffenburg, Augsburg, Berchtesgaden, Bischofs-wiesen, Feldkirchen, Freising, München, Nürnberg, Regensburg, Unterhaching
Berlin	
Hamburg	
Hessen	Bad Vilbel, Bensheim, Bergen-Enkheim, Dietzenbach, Frankfurt, Gießen, Groß-Umstadt, Hochheim a. M., Heppenheim, Kassel, Kelsterbach, Langen (Kreis Offenbach), Marburg, Neu-Isenburg, Oberursel/T., Offenbach. Schwalbach a. T., Wiesbaden
Niedersachsen	Göttingen, Hannover
Nordrhein-Westfalen	*Städte:* Aachen, Bielefeld, Bochum, Bonn, Bottrop, Duisburg, Dortmund, Essen, Gelsenkirchen, Herne, Köln, Krefeld, Leverkusen, Mönchengladbach, Mülheim a. d. Ruhr, Münster, Oberhausen, Remscheid, Solingen, Wuppertal *Kreisangehörige Gemeinden:* Ahlen, Castrop-Rauxel, Gladbach, Herten, Hürth, Moers, Neuss, Paderborn, Recklinghausen *Landkreise:* Ennepe-Ruhr, Viersen, Märkischer Kreis m. Ausnahme der Gemeinden Balve, Hemer und Menden.

193   Die Zweckentfremdungsverordnungen können neben der allgemeinen Schutzwirkung für den Wohnraumbestand auch rechtliche Auswirkungen auf das einzelne Mietverhältnis haben, weshalb kurz auf deren Inhalt eingegangen werden muß. Eine Zweckentfremdung von Wohnraum liegt grundsätzlich vor, wenn
— Wohnraum, der nach den Durchschnittsanforderungen noch als bewohnbar anzusehen ist oder mit verhältnismäßig geringen Mitteln bewohnbar gemacht werden kann, in Geschäftsräume zur gewerblichen Nutzung (Büros, Arzt- und Rechtsanwaltspraxen, Gaststätten, Pensionen etc.) umgewandelt wird. Nicht hierunter fällt allerdings die private Nutzung von Räumen zu kulturellen, wissenschaftlichen oder handwerklichen Zwecken (BayOLG WM 82, 142);
— Wohnraum längere Zeit (i.d.R. 3-6 Monate) leerstehen gelassen wird, um das Angebot knapp zu halten und damit das allgemeine Mietzinsniveau anzuheben oder um einen geplanten Abbruch zu begründen (zum „Leerstehenlassen" vgl. BVerfGE 38, 348 (365); BVerwG WM 80, 151; OLG Düsseldorf NJW 81, 2312)

— Wohnraum längere Zeit (i.d.R. 3-6 Monate) leerstehen gelassen wird, um das Angebot knapp zu halten und damit das allgemeine Mietzinsniveau anzuheben oder um einen geplanten Abbruch zu begründen (zum „Leerstehenlassen" vgl. BVerfGE 38, 348 (365); BVerwG WM 80, 151; OLG Düsseldorf NJW 81, 2312)

— Häuser, die bislang dem Wohnungsmarkt zur Verfügung standen, abgebrochen werden sollen (BVerwG NJW 77, 2280).

Mit anderen Worten bedarf der Genehmigung nach den einzelnen Zweckentfremdungsverordnungen jede Umnutzung, Nichtnutzung oder Vernichtung von Wohnraum.

Da der Bestand an Wohnungen in einer Gemeinde geschützt werden soll, wird eine geplante Zweckentfremdung i.d.R. genehmigt, wenn der Eigentümer an anderer Stelle im Gemeindegebiet gleichwertigen Wohnraum schafft (VGH Mannheim NJW 80, 254).

Schon oben (Rdnr. 1) wurde festgehalten, daß die gesetzlichen Grundlagen nicht ausreichen, per Verwaltungszwang einen Eigentümer zur Rückgängigmachung einer Zweckentfremdung unter zwangsweiser Einweisung eines Mieters anzuhalten (BVerwG WM 80, 151; NJW 81, 242), was natürlich zur Folge hat, daß Spekulanten das drohende Bußgeld (bis DM 20.000) oftmals bewußt in Kauf nehmen, insbesondere dann, wenn der zu erwartende Spekulationsgewinn ungleich höher liegt und die Chance besteht, daß die Verwaltungsbehörden von der Nutzungsänderung gar keine Kenntnis erlangen.

194 Falls Ihre Wohnung im Gebiet einer der vorgenannten Gemeinden liegt, empfiehlt sich eine besondere Wachsamkeit, wenn Ihnen Ihr Vermieter kündigt, weil er zum Zwecke einer „angemessenen wirtschaftlichen Verwertung des Grundstücks" z.B. einen Neubau plant (§ 564b Abs. 3 Nr. 3 BGB), da diese Kündigung unwirksam ist, wenn zur Zeit ihres Ausspruchs die Genehmigung der nach der Zweckentfremdungsverordnung zuständigen Verwaltungsbehörde nicht vorliegt (OLG Hamburg NJW 1981, 2308). Der Vermieter muß die Genehmigung mit dem Kündigungsschreiben vorlegen (OLG Hamburg a.a.O.).

Achten Sie bitte auch darauf, daß Ihnen der Vermieter nicht die baubehördliche Abbruchgenehmigung als die Genehmigung der nach der Zweckentfremdungsverordnung zuständigen Behörde „verkauft". Diese Genehmigungen werden unabhängig voneinander erteilt. Es soll schon vorgekommen sein, daß innerhalb der Behörden die eine nicht wußte, was die andere tat. Ggfs. besteht für den Mieter aber auch dort ein Hoffnungsschimmer, wo eine bestimmte Zweckentfremdungsverordnung keine Geltung entfaltet, wie z.B. in einem Fall des Amtsgerichts Wiesbaden, der dahingehend entschieden wurde, daß der Kündigungsgrund der angemessenen wirtschaftlichen

Verwertung nicht vorliege, wenn Häuser zu Spekulationszwecken aufgekauft werden und alsdann den Mietern gekündigt wird, um die Häuser abzurei-ßen und Eigentumswohnungen zu errichten; selbst die Abbruchgenehmigung begründe kein berechtigtes Interesse an der Beendigung des Mietverhält-nisses (AG Wiesbaden WM 72, 194 und WM 73, 7). Die Hoffnung, daß sich auch die anderen Gerichte überwiegend dieser Auffassung anschließen, liegt wohl kaum im Bereich der bundesdeutschen Realität. Einer Kündigung we-gen Unmöglichkeit angemessener wirtschaftlicher Verwertung sollten Sie je-denfalls immer widersprechen (zum Verfahren: s. Rdnr. 207 ff.), wenn Ihnen an der Beibehaltung der Wohnung gelegen ist, und sei es nur, um auch den letzten möglichen Rest von Zeit zu gewinnen.

195 Im konkreten Fall ist immer zweierlei zu prüfen.

(1) Hat der Vermieter in seinem Kündigungsschreiben hinreichend deutlich dargetan, daß er durch die Fortsetzung des Mietverhältnisses an der ange-messenen wirtschaftlichen Verwertung des Hauses (also meist dem gewinn-bringenden Verkauf) gehindert wäre?

(2) Würde ihm das Unterlassen der Kündigung erheblichen, eben nicht zu-mutbaren Schaden bringen?

Diese Behauptungen müssen jeweils mit konkreten Tatsachen ausgefüllt sein. Der Vermieter muß die Kündigung durch Vorlage einer Kalkulation bzw. Wirt-schaftlichkeitsberechnung ordentlich begründen, aus der hervorgeht, daß z.B. eine beabsichtigte Sanierung eine bessere wirtschaftliche Verwertung des gesamten Objektes ermöglicht. Die entsprechenden Kalkulationen müs-sen einsehbar und verständlich sein (LG Köln WM 83, 91). Wenn es hart auf hart geht, werden Sie in solchen Fällen oft nicht ohne Hilfe eines Anwalts auskommen.

Es ist noch darauf hinzuweisen, daß eine solche Kündigung wegen ange-messener wirtschaftlicher Verwertung nach dem Gesetz ausdrücklich dann nicht zulässig ist, wenn es dem Vermieter nur darum geht, durch eine an-derweitige Vermietung einen höheren Mietzins zu erlangen (§ 564b Abs. 2 Nr. 3 S. 2).

e. Die Sozialklausel

196 Hat der Vermieter ein berechtigtes Interesse an der Kündigung nach der oben beschriebenen Art nachgewieen, so kann er grundsätzlich innerhalb der vom Gesetz vorgeschriebenen Frist kündigen. Unter bestimmten Umständen kann jedoch ein Mieter dieser Kündigung widersprechen, und das Mietverhältnis muß dann fortgesetzt werden. Nach der sog. Sozialklausel des § 556a BGB ist dieser Fall dann gegeben, ,,wenn die vertragsmäßige Beendigung des

Mietverhältnisses für den Mieter oder seine Familie eine Härte bedeuten würde, die auch unter Würdigung der berechtigten Interessen des Vermieters nicht zu rechtfertigen ist".

197 Diese Sozialklausel gilt **nicht** in folgenden Fällen:
(1) für Wohnraum der, nur zu vorübergehendem Gebrauch vermietet wurde (s. hierzu Rdnr. 183);
(2) für möblierten Wohnraum innerhalb der Vermieterwohnung, sofern er nicht zum dauernden Gebrauch für eine Familie überlassen ist (s. hierzu Rdnr. 184).
(3) Der Mieter kann ebenfalls nicht die Fortsetzung des Mietverhältnisses nach der Sozialklausel verlangen, wenn er das Mietverhältnis selbst gekündigt hat, oder wenn ein Grund vorliegt, der den Vermieter zur fristlosen Kündigung wegen Vertragsverletzung oder Mietrückstand berechtigen würde (§ 556a Abs. 4 BGB).

198 Die Sozialklausel gilt jedoch für **Einliegerwohnungen**. Bei diesen braucht der Vermieter also, wie bereits erwähnt, zwar kein berechtigtes Interesse an der Kündigung nachzuweisen, der Mieter seinerseits kann jedoch einer ausgesprochenen Kündigung gemäß der Sozialklausel widersprechen und die Fortsetzung des Mietverhältnisses verlangen.

199 Die Sozialklausel gilt ebenfalls bei befristeten Mietverhältnissen (vgl. auch Rdnr. 165, 166).

200 Das Recht des Mieters, einer Kündigung nach der Sozialklausel zu widersprechen, kann im Vertrag nicht abbedungen werden (§ 556a Abs. 7 BGB). Sollte Ihr Mietvertrag also eine derartige Klausel enthalten, so ist sie unwirksam, Sie brauchen sich nicht um sie zu kümmern.

201 Haben Sie nun, nachdem Ihnen gekündigt worden ist, Härtegründe geltend gemacht, die Ihrer Ansicht nach das Eingreifen der Sozialklausel rechtfertigen (zum Verfahren vgl. Rdnr. 214), so sind diese Härtegründe abzuwägen gegen das ,,berechtigte Interesse", das der Vermieter zur Begründung seiner Kündigung vorgebracht hat. In der Regel spielt sich das vor dem Gericht ab, also erst, wenn es bereits zum Prozeß gekommen ist. Denn ein Vermieter, der die Härtegründe des Mieters kennt und anerkennt, wird schon gar nicht kündigen bzw. eine ausgesprochene Kündigung zurücknehmen. Im Räumungsprozeß kann der auf die Sozialklausel gestützte Widerspruch auch noch weitergehend begründet werden. Es können auch weitere Gründe nachgeschoben werden (LG Wiesbaden WM 88, 269). Kommt das Gericht zu dem Ergebnis, daß das Interesse des Vermieters an der Kündigung die vom Mieter vorgebrachten Härtegründe überwiegt, so bleibt es bei der Gültigkeit der Kündigung. Im umgekehrten Falle können Sie als Mieter verlangen, ,,daß das Mietverhältnis so lange fortgesetzt wird, wie dies unter Berücksichtigung aller Umstände angemessen ist" (§ 556a Abs. 2 Satz 1 BGB),

d.h. in der Regel so lange, bis die von Ihnen vorgebrachten Härtegründe beseitigt sind. Ist nicht abzusehen, wann diese Umstände entfallen werden, so kann das Gericht im Urteil auch anordnen, daß das Mietverhältnis zunächst auf unbestimmte Zeit fortgesetzt wird. In diesem Falle muß der Vermieter dann versuchen, zu einem späteren Zeitpunkt nochmals zu kündigen, um auf diese Weise zu seinem Ziel zu kommen.

202   Ein Härtegrund im Sinne der Sozialklausel liegt insbesondere dann vor, wenn angemessener Ersatzwohnraum zu zumutbaren Bedingungen nicht beschafft werden kann (§ 556a Abs. 1 Satz 2 BGB). Wer sich auf diesen Grund beruft, muß allerdings nachweisen, daß er sich vergeblich um Ersatzwohnraum bemüht hat. Es ist daher anzuraten, dies rechtzeitig zu tun und über die Bemühungen Belege zu sammeln. Weitere Härtegründe liegen bei hohem Alter des Mieters (LG Hamburg WM 89, 238; LG Hannover WM 88, 88), bei Pflegebedürftigkeit oder Krankheit (OLG Karlsruhe NJW 70, 1746) — besonders wenn beides zusammentrifft (LG Bonn WM 90, 151) — und bei einer langen Mietdauer (LG München I WM 88, 365) vor. Auch die Schwangerschaft wird in der Regel einen Widerspruch gegen die Kündigung rechtfertigen. Ein Härtegrund kann auch darin liegen, daß der Mieter kurz vor dem Abschluß seiner Berufsausbildung steht (LG Aachen WM 86, 252), oder wenn er in der berechtigten Erwartung, noch lange in der Wohnung bleiben zu können, erhebliche Kosten in die Erhaltung und Verbesserung investiert hat (LG Köln WM 72, 144; LG Mainz WM 70, 111). In der Regel ist auch ein Zwischenumzug für einen absehbaren Zeitraum (bis etwa zu zwei Jahren) unzumutbar, etwa dann, wenn der Mieter nach Ablauf dieser Zeit ohnehin in eine andere Wohnung umziehen will (LG Lübeck WM 88, 269; AG Tübingen WM 89, 240).

f. Räumungsfrist

203   Sind die Gründe, die der Mieter für seinen Widerspruch gegen die Kündigung vorträgt, nicht stark genug, um die Kündigung zu Fall zu bringen, so kann es immer noch sein, daß ihm das Gericht im Räumungsprozeß eine angemessene Räumungsfrist gem. § 721 ZPO einräumt. Ist man auf Räumung verklagt worden, so empfiehlt es sich immer, einen solchen Antrag auf Einräumung einer Räumungsfrist zu stellen. (Zum Verfahren im einzelnen s. Rdnr. 211, 212).

3. Form, Fristen, Verfahren

204   Es erschien uns sinnvoll, im vorangegangenen Abschnitt zunächst die allgemeinen Voraussetzungen des Kündigungsschutzes darzustellen, und erst jetzt, gesondert davon, zu schildern, welche Formen und Fristen einzuhal-

ten sind, und wie im konkreten Fall verfahren werden muß, wenn eine Kündigung des Vermieters vorliegt. Dadurch wurden einige Vor- und Rückverweisungen notwendig; der Übersichtlichkeit schien uns auf diese Weise aber dennoch besser gedient zu sein.

a. Allgemeine Voraussetzungen jeder Kündigung

205   aa. Die Kündigung muß schriftlich erfolgen, § 564a Abs. 1 BGB. Nur in zwei Fällen kann auch mündlich gekündigt werden:

(1) bei Wohnungen, die nur zum vorübergehenden Gebrauch vermietet sind (s. hierzu Rdnr. 184);

(2) bei Wohnungen, die Teil der vom Vermieter selbst bewohnten Wohnung sind, und vom Vermieter möbliert vermietet, aber nicht zum dauernden Gebrauch an eine Familie überlassen worden sind (s. hierzu Rdnr. 185).

bb. Die Kündigung muß vom Wortlaut her **eindeutig** zum Ausdruck bringen, daß das Mietverhältnis beendet werden soll. Eine bloße Androhung einer Kündigung genügt also z.B. nicht.

cc. Aus der Kündigung soll sich klar ergeben, zu welchem **Termin** das Mietverhältnis beendet werden soll; fehlt der Zeitpunkt jedoch, oder ist er falsch berechnet, so wird die Kündigung dadurch nicht unwirksam, sondern sie tritt zum nächstmöglichen Termin in Kraft. (Zu den Kündigungsfristen vgl. Rdnr. 171, 172).

dd. Die Kündigung muß dem Mieter zugehen. Da in den Mietverträgen meistens Kündigung per Einschreibebrief vorgesehen ist, heißt das, daß der Brief Ihnen vom Postboten persönlich übergeben werden muß und Sie das Empfangsbekenntnis unterschreiben. Es genügt aber in der Regel auch, wenn ein erwachsenes Familienmitglied die Kündigung in Empfang nimmt. Die Kündigung gilt auch dann als zugegangen, wenn der Mieter die Annahme verweigert, weil er annimmt, daß der Brief die Kündigung enthält.

Der Vermieter hat den Zugang der Kündigung zu beweisen. Aus der ordnungsgemäßen Absendung des Kündigungsschreibens an den Mieter kann allein noch nicht gefolgert werden, daß das Schreiben dem Mieter auch zugegangen ist (LG Berlin WM 87, 25).

ee. Sind mehrere Vermieter oder Mieter vorhanden, so muß die Kündigung von allen Kündigenden an alle Kündigungsempfänger ausgesprochen werden. Das gilt auch bei Ehegatten. Die Kündigung ist sonst unwirksam.

Das kann insbesondere für Wohngemeinschaften Bedeutung erlangen, je nachdem, wie der Mietvertrag konstruiert ist (vgl. hierzu Rdnr. 64 ff.).

(1) Ist der Vertrag so abgefaßt, daß nur ein Mitglied der Wohngemeinschaft der Hauptmieter ist und die anderen bei ihm Untermieter sind, so genügt es, wenn die Kündigung an den Hauptmieter ausgesprochen wird.

(2) Sind alle Mitglieder der Wohngemeinschaft Hauptmieter, so muß die Kündigung an alle ausgesprochen werden und allen Mitgliedern zugehen. Es ist allerdings auch möglich, einem oder mehreren Wohngemeinschaftsmitgliedern Vollmacht zum Empfang der Kündigung und anderer Willenserklärungen zu erstellen. Das muß aber ausdrücklich und schriftlich im Mietvertrag geschehen sein. Eine allgemeine Vollmacht zur Entgegennahme von Willenserklärungen bezieht sich aber im Zweifelsfall nicht auch auf die Entgegennahme von Kündigungen, dies muß stets speziell und ausdrücklich vereinbart sein.

206   ff. Kündigt nicht der Vermieter selbst, sondern ein Dritter, und liegt der Kündigung nicht eine vom Vermieter eigenhändig unterzeichnete Vollmacht bei, so weisen Sie die Kündigung sofort aus diesem Grund zurück, etwa mit folgender Formulierung:

> *,,Hiermit weise ich die Kündigung vom ... zurück, da Sie mir die Vollmacht des Vermieters nicht nachgewiesen haben.''*

Dann ist die Kündigung unwirksam (OLG Hamm WM 82, 204), d.h. es muß nochmals gekündigt werden. Ausnahme: Sie wissen vom Vermieter selbst, daß der Dritte zur Kündigung bevollmächtigt ist.

bb. Kündigungsfristen

Die Kündigungsfristen sind dieselben wie diejenigen, die für die Kündigung des Mieters gelten (vgl. Rdnr. 171 ff.; wegen der Fristen bei Einliegerwohnungen vgl. Rdnr. 186).

Die Kündigung muß spätestens am dritten Werktag des ersten zur Frist zählenden Monats zugegangen sein (Beispiel für dreimonatige Kündigungsfrist: Um zum 31. Mai wirksam zu werden, muß die Kündigung am 3. März spätestens zugegangen sein; ist am 1., 2., oder 3. März ein Sonn- oder Feiertag, so genügt Zugang am 4. März; ist der 3. ein Samstag, so reicht Zugang am 5.) Zu beachten ist auch, daß es auf den Tag des Zugangs des Schreibens ankommt, nicht auf den Tag der Absendung. Der Vermieter muß die Kündigung also so rechtzeitig wegschicken, daß der Zugang am 3. des Monats gewährleistet ist.

c. Das Verfahren bei Kündigung durch den Vermieter

207   In diesem Abschnitt wollen wir der Reihe nach besprechen, was Sie zu tun haben, wenn Ihnen der Vermieter kündigt, Sie jedoch länger wohnen bleiben und hierzu die rechtlichen Möglichkeiten ausschöpfen wollen.

208   aa. Prüfen Sie zunächst die soeben beschriebenen Formalitäten. Sind sie nicht in Ordnung, so ist die Kündigung unwirksam. Im Grunde genommen können Sie sie jetzt völlig unbeachtet lassen (in den Papierkorb werfen soll-

ten Sie sie aber dennoch nicht, weil sie aus Beweisgründen später noch wichtig werden kann). Gar nicht auf die Kündigung zu reagieren, empfiehlt sich jedoch nur, wenn die Unwirksamkeit völlig eindeutig ist, wenn also der Vermieter versehentlich vergessen hat, das Schreiben zu unterzeichnen. In den anderen Fällen sollten Sie den Vermieter schriftlich auf den Ihrer Meinung nach vorhandenen Mangel aufmerksam machen. Ein solches Schreiben kann etwa folgendermaßen aussehen:

„Am ... erhielt ich Ihre Kündigung vom ... Diese Kündigung war nur an mich gerichtet. Meine Ehefrau hat jedoch den Mietvertrag mitunterschrieben und ist daher ebenfalls Vertragspartei. Sie können daher nur uns beiden gemeinsam kündigen.

Ihre Kündigung ist deshalb unwirksam. Ich fühlte mich nicht an sie gebunden und erwarte Ihre Stellungnahme.“

Der Vermieter ist nun verpflichtet, auf Ihr Schreiben zu antworten. Selbst wenn er nun eine korrekte Kündigung schickt, haben Sie auf diese Weise zumindest die Chance, einen Monat zu gewinnen (hierzu würde es sich empfehlen, Ihr Antwortschreiben so lange hinauszuzögern, daß eine erneute Kündigung erst für einen Monat später wirksam werden kann).

209   bb. Als nächstes prüfen Sie den vom Vermieter in der Kündigung angegebenen Beendigungszeitpunkt des Mietverhältnisses. Hat er diesen Zeitpunkt falsch berechnet oder hat er überhaupt keinen Beendigungszeitpunkt angegeben, so wird die Kündigung zum nächstmöglichen Termin wirksam. Diesen können Sie anhand der oben angegebenen Fristen eindeutig selbst berechnen.

210   cc. Sind Formalien und Fristen in Ordnung, so kommt es nunmehr darauf an, ob Ihre Wohnung bzw. Ihr Zimmer am Kündigungsschutz teilnimmt; wann das der Fall ist, wurde bei Rdnr. 183 ff. ausführlich beschrieben.

211   (1) Genießt Ihre Wohnung keinen Kündigungsschutz, so bleibt Ihnen in der Regel nichts anderes übrig, als zum Ende der Kündigungsfrist auszuziehen. Wenn besondere Umstände vorliegen, haben Sie jedoch immer noch eine Chance, einige Monate Zeit zu gewinnen. Das wird z.B. immer dann der Fall sein, wenn bei Ihnen Gründe vorliegen, die, wenn Sie eine dem Kündigungsschutz unterliegende Wohnung hätten, zum Eingreifen der Sozialklausel führen würden (s. Rdnr. 196 ff.). Die Kündigung muß also eine gewisse Härte für Sie darstellen. In diesem Fall können Sie zwar nicht, wie der Bewohner einer dem Kündigungsschutz unterliegenden Wohnung, Fortsetzung des Mietvertrages verlangen. Sie können jedoch beantragen, daß Ihnen eine Frist für die Räumung der Wohnung gewährt wird. Sie sollten das zunächst schriftlich beim Vermieter beantragen, und zwar spätestens zwei Wochen vor Been-

digung des Mietverhältnisses. Ein solches Schreiben wird etwa folgendermaßen aussehen:

> *„Ihre Kündigung zum 31. Mai habe ich erhalten. Ich werde am 4. April
> eine wichtige Prüfung ablegen, und kann mich deshalb bis zu diesem
> Zeitpunkt nicht um eine Ersatzwohnung kümmern. Ich bitte Sie daher,
> mir eine Räumungsfrist bis zum 31. August zu gewähren."*

Läßt sich der Vermieter darauf nicht ein, so empfiehlt es sich in so eindeutigen Fällen wie dem im Beispiel genannten, zunächst wohnen zu bleiben.
Unternimmt der Vermieter hiergegen nichts weiter, so erklärt er damit stillschweigend sein Einverständnis zur Verlängerung des Mietverhältnisses bis
zum Ende der von Ihnen erbetenen Räumungsfrist. Im anderen Fall muß
er Sie auf Räumung verklagen (er darf also keineswegs zur Selbsthilfe greifen und etwa in Ihre Wohnung eindringen und Ihre Möbel auf die Straße stellen!). Im Prozeß treten Sie der Räumungsklage als solcher nicht entgegen,
sondern Sie beantragen lediglich, daß das Gericht Ihnen die Räumungsfrist
zubilligt. Sie gehen damit in eindeutigen Fällen kaum ein Prozeßkostenrisiko ein. In Zweifelsfällen sollten Sie sich aber beraten lassen.

Eine vom Vermieter oder vom Gericht gewährte Räumungsfrist kann verlängert werden. Dieser Antrag ist spätestens zwei Wochen vor Ablauf der ersten Frist an den Vermieter bzw. das Gericht zu stellen! Diese Frist ist unbedingt einzuhalten!

212 (2) Nehmen die Räume, die Sie bewohnen am Kündigungsschutz teil, so
haben Sie wesentlich mehr Möglichkeiten, eine Kündigung leerlaufen zu lassen. Erhalten Sie ein Kündigungsschreiben, so prüfen Sie es, wie soeben
beschrieben, zunächst auf Formalien und Fristen. Sind diese in Ordnung,
so sehen Sie nach, ob der Vermieter ein „berechtigtes Interesse" an der
Kündigung geltend gemacht hat. Ist das nicht der Fall (etwa, weil der Vermieter darauf baut, daß Sie nicht wissen, daß Sie Kündigungsschutz genießen), so ist die Kündigung unwirksam. Sie können sie im Grunde genommen völlig unbeachtet lassen und einer eventuellen Räumungsklage in aller Ruhe entgegensehen; der Vermieter wird einen solchen Prozeß verlieren. Wollen Sie jedoch von vornherein reinen Tisch machen, so schreiben
Sie dem Vermieter z.B. folgendes:

> *„Ihre Kündigung vom ... habe ich erhalten. Ich mache Sie darauf auf-
> merksam, daß das von mir bewohnte Zimmer dem gesetzlichen Kündi-
> gungsschutz unterliegt, da es weder nur zum vorübergehenden Gebrauch
> überlassen wurde, noch Teil Ihrer Wohnung ist, noch ein Einliegerzim-
> mer darstellt. Eine Kündigung können Sie daher nur aussprechen, wenn
> Sie ein „berechtigtes Interesse" im Sinne des § 564b BGB geltend*

machen. Das haben Sie in Ihrem Kündigungsschreiben nicht getan. Ich sehe Ihre Kündigung daher als gegenstandslos an."

213 Bringt der Vermieter in der Kündigungsschrift die Gründe vor, die seiner Ansicht nach sein berechtigtes Interesse an der Kündigung rechtfertigen, so prüfen Sie, ob diese Gründe auch tatsächlich ausreichend sind. Dies eindeutig festzustellen, wird Ihnen allerdings nur dann möglich sein, wenn der Vermieter einen der Gründe nennt, die bei Rdnr. 188 ff. als von der Rechtsprechung nicht anerkannt aufgeführt sind.

In weniger eindeutigen Fällen werden Sie nicht umhin kommen, sich beraten zu lassen. Denn wenn, was in der Regel der Fall sein wird, der Vermieter auf seinem berechtigten Interesse beharrt, so kommt es unweigerlich zum Prozeß, was Sie nur dann riskieren sollten, wenn Sie eine ernsthafte Erfolgsaussicht haben.

Ausnahmen bestätigen übrigens auch hier die Regel: Wenn Sie z.B. aus einer ausnehmend billigen Wohnung gesetzt werden sollen, so können sich wegen des damit verbundenen Zeitgewinns u.U. die Kosten eines verlorenen Prozesses rentieren. Wann das der Fall ist, kann allerdings nur im Einzelfall entschieden werden.

214 Ist der eben genannte Weg nicht gangbar, weil der Vermieter ein eindeutiges berechtigtes Interesse an der Kündigung dargetan hat, so haben Sie nun, wie bereits (Rdnr. 196 ff.) beschrieben, die Möglichkeit, gemäß der Sozialklausel die Fortsetzung des Mietverhältnisses zu verlangen. (Zu den einzelnen in Frage kommenden Härtegründen vgl. Rdnr. 202).

Sind Sie der Ansicht, daß bei Ihnen ein solcher Härtefall vorliegt und das Mietverhältnis deshalb fortgesetzt werden muß, so gehen Sie folgendermaßen vor: Sie schreiben dem Vermieter einen kurzen Brief etwa dieses Inhalts:

,,Gegen Ihre Kündigung vom ... erhebe ich gem. § 556a BGB Widerspruch und verlange die Fortsetzung des Mietverhältnisses. Die Kündigung stellt für mich eine unbillige Härte dar."

Eine Begründung für das Fortsetzungsverlangen brauchen Sie zunächst nicht zu geben; verlangt sie der Vermieter aber, so müssen Sie sie unverzüglich nachreichen. Sie können die Gründe auch noch im Prozeß angeben; dann aber können Ihnen die Prozeßkosten auferlegt werden, auch wenn Sie gewinnen.

Das Fortsetzungsverlangen muß spätestens zwei Monate vor der Beendigung des Mietverhältnisses beim Vermieter eingegangen sein. Beispiel: Kündigung erfolgt Ende Januar auf den 30. April. Das Fortsetzungsverlangen muß dem Vermieter noch im Februar zugehen. Andernfalls braucht er nicht darauf einzugehen.

Ausnahme: Hat der Vermieter Sie nicht im Kündigungsschreiben auf die Möglichkeit des Widerspruchs gem. § 556a BGB hingewiesen und Frist und Form mitgeteilt, so können Sie das Fortsetzungsverlangen auch noch später stellen, spätestens im ersten Termin eines eventuellen Räumungsprozesses. Kommt der Vermieter Ihrem Fortsetzungsverlangen nicht von selbst nach und kommt es deshalb zu einem Räumungsprozeß, so verfährt das Gericht wie bei Rdnr. 178 beschrieben.

Verlieren Sie diesen Prozeß, weil das Gericht Ihre Härtegründe nicht für stärker hält als das berechtigte Interesse des Vermieters an der Kündigung, so können Sie dennoch nochmals Zeit gewinen, indem Sie nun, wie soeben bei Rdnr. 211 beschrieben, die Gewährung einer Räumungsfrist beantragen. Einem solchen Antrag wird das Gericht in aller Regel nachkommen.

4. Die außerordentliche Kündigung

a. Allgemeines

215   Die außerordentliche (fristlose) Kündigung wird unmittelbar mit ihrem Zugang wirksam und löst die Räumungspflicht aus. Auch hier darf der Vermieter allerdings nicht zur Selbsthilfe greifen und irgendwelche Gewalt anwenden, um Sie aus der Wohnung zu setzen. Einige Tage bis zwei Wochen wird er Ihnen Zeit lassen müssen für die Räumung der Wohnung. Im übrigen braucht er jedoch keine Rücksicht darauf zu nehmen, ob Sie etwa eine angemessene andere Wohnung gefunden haben.

Zu beachten ist, daß das Gericht dem Mieter auch bei fristloser Kündigung eine Räumungsfrist (vgl. Rdnr. 211) gewähren kann, wenn entsprechende Gründe vorliegen. Beim Kündigungsgrund des Zahlungsverzugs (vgl. Rdnr. 206) geschieht das allerdings in der Regel nicht.

b. Gründe für eine fristlose Kündigung

216   Der Vermieter ist zur fristlosen Kündigung im wesentlichen in drei Fällen berechtigt: Bei ,,vertragswidrigem Gebrauch der Mietsache" durch den Mieter, bei groben, schuldhaften Pflichtverletzungen des Mieters und Unzumutbarkeit der Fortsetzung des Mietverhältnisses, sowie bei Mietrückstand. Im einzelnen:

aa. Vertragswidriger Gebrauch

217   Der vertragswidrige Gebrauch muß, wenn er eine fristlose Kündigung rechtfertigen soll, ,,die Rechte des Vermieters in erheblichem Maße verletzen" (§ 553 BGB). Wann das im einzelnen der Fall ist, kann kaum beispielhaft aufgezählt werden. Den wohl häufigsten und wichtigsten Fall nennt das Gesetz selbst: die Überlassung des Wohnraumes an einen Unbefugten. Das kann z.B. bei einer Untervermietung der Fall sein, zu der der Vermieter sein

Einverständnis nicht erteilt hat. Hierbei ist aber auch zu beachten, daß Sie als Mieter u.U. einen Anspruch darauf haben können, daß der Vermieter die Untervermietung genehmigt, z.B. dann, wenn Sie aus finanziellen Gründen darauf angewiesen sind. (Vgl. hierzu auch Rdnr. 63 und 66). Grundsätzlich liegt kein vertragswidriger Gebrauch vor, wenn der Mieter seinen Ehegatten und gemeinsame Kinder in die Wohnung aufnimmt. Eine Vereinbarung im Mietvertrag, die dies verbietet, ist grundsätzlich unwirksam. Allerdings endet die Befugnis des Mieters, seinen Ehegatten und gemeinsame Kinder aufzunehmen, dort, wo die Mieträume infolge der Aufnahme der Familienangehörigen auf Dauer überbelegt werden. In diesem Falle liegt in der Aufnahme der Familienangehörigen ein vertragswidriger Gebrauch der Wohnung, der gemäß § 553 BGB dem Vermieter ein Kündigungsrecht gibt (BayObLG WM 83, 309).

Als weiterer Fall des vertragswidrigen Gebrauchs nennt das Gesetz die „Vernachlässigung der dem Mieter obliegenden Sorgfalt". Das wird z.B. dann der Fall sein, wenn Sie eine schwere Beschädigung der Wohnung, etwa einen Wasserrohrbruch oder eine eingeschlagene Scheibe, längere Zeit anstehen lassen, und der Wohnung dadurch ein Dauerschaden droht. Zu beachten ist, daß in den Fällen des vertragswidrigen Gebrauchs die fristlose Kündigung nicht aus heiterem Himmel losgeschickt werden darf, sondern daß der Vermieter nach dem Gesetz verpflichtet ist, den Mieter zunächst abzumahnen, d.h. zur Beendigung des vertragswidrigen Gebrauchs aufzufordern. Erst dann, wenn der Mieter auf diese Abmahnung nicht reagiert, darf fristlos gekündigt werden.

bb. Grobe, schuldhafte Pflichtverletzung

218 Nach § 554a BGB kann ein Mietverhältnis dann fristlos gekündigt werden, wenn „ein Vertragsteil schuldhaft in solchem Maße seine Verpflichtungen verletzt, (insbesondere den Hausfrieden so nachhaltig stört), daß dem anderen Teil die Fortsetzung des Mietverhältnisses nicht zugemutet werden kann".

Es kommen Belästigungen jeder Art in Betracht, wenn sie nur stark und nachhaltig genug sind. Beispiele sind schwer zu bilden, da es hier in besonderem Maße auf die gesamten Umstände des Einzelfalls, auf Dauer und Intensität der Störung sowie auf die Toleranzgrenze beim jeweiligen Richter ankommt. Eine solche grobe Pflichtverletzung ist sicher dann gegeben, wenn der Mieter regelmäßig um Mitternacht Trompete spielt oder den Vermieter übel beleidigt. Sie ist sicher nicht gegeben, wenn der Mieter einmal nach einem Fest laut singend in die Wohnung zurückkehrt, oder wenn der Vermieter eine bloße Unachtsamkeit fälschlich als Beleidigung auffaßt.

cc. Mietrückstand

219   Der Vermieter kann gem. § 554 BGB auch dann fristlos kündigen, wenn der Mieter für zwei aufeinanderfolgende Zahlungstermine (also in der Regel Monate) mit der Entrichtung des Mietzinses oder eines erheblichen Teils davon im Verzug ist. Erheblich ist der Rückstand nur, wenn er insgesamt mehr als eine Monatsmiete beträgt (bei nur vorübergehend überlassenem Wohnraum, vgl. Rdnr. 184, genügt u.U. auch ein geringerer Rückstand). Nach LG Stuttgart WM 88, 18; LG Dortmund WM 89, 178 rechtfertigt auch die dauernde unpünktliche Mietzahlung die fristlose Kündigung (gemäß § 554a BGB). Dasselbe Kündigungsrecht gilt, wenn sich der Mietrückstand über mehr als zwei (also nicht notwendig aufeinanderfolgende) Zahlungstermine erstreckt, und der Gesamtrückstandsbetrag mindestens zwei Monatsmieten erreicht (so LG Berlin WM 80, 186).

Eine solche Kündigung wird unwirksam, wenn der Mieter den rückständigen Betrag zahlt oder sich z.B. das Sozialamt zur Zahlung verpflichtet. Diese Nachzahlung mit der Folge, daß die Kündigung unwirksam wird, ist sogar noch nach einer eventuellen Klageerhebung möglich. Die Zahlung muß dann spätestens einen Monat nach Zugang der Klageschrift erfolgt sein. Die Kündigung wird auch dann unwirksam, wenn der Mieter zwar nicht zahlt, den rückständigen Betrag aber mit einer ihm gegen den Vermieter zustehenden Forderung aufrechnet. Eine solche aufrechnungsfähige Gegenforderung kann sich z.B. aus Reparaturkosten ergeben, die der Mieter vorgeschossen hat. Die Aufrechnung muß jedoch sofort nach Eingang der Kündigung erklärt werden.

Eine zum Nachteil des Mieters hiervon abweichende vertragliche Vereinbarung (etwa des Inhalts, daß die fristlose Kündigung schon bei geringeren als den oben angegebenen Rückständen möglich sein soll) ist unzulässig (§ 554 Abs. 2 Nr .3 BGB).

c. Angehen gegen eine fristlose Kündigung

220   Gegen eine fristlose Kündigung sollte man sich, wenn sie nicht ganz eindeutig gerechtfertigt ist, immer zur Wehr setzen. Denn sie ist mit erheblichen Unannehmlichkeiten und finanziellen Einbußen verbunden. Nicht nur, daß der Gekündigte sich in kürzester Zeit eine neue Wohnung beschaffen muß, es können auch umfangreiche Schadensersatzforderungen auf ihn zukommen. Die Handlungen, die die fristlose Kündigung rechtfertigen, stellen nämlich in der Regel eine sog. ,,positive Vertragsverletzung'' dar, für deren Folgen der Gekündigte aufkommen muß. Findet der Vermieter z.B. nicht sofort einen Nachmieter, so kann er den Mietausfall im Wege des Schadensersatzes vom Mieter verlangen. Was tun Sie nun, wenn Sie eine fristlose Kün-

digung erhalten? Wenn Sie wollen, schreiben Sie dem Vermieter, daß und warum die Kündigung Ihrer Ansicht nach ungerechtfertigt ist. Notwendig ist das nicht, und erfolgversprechend wird es in der Regel auch nicht sein; denn wer fristlos kündigt, ist normalerweise eisern entschlossen, den Mieter loszuwerden.

Warten Sie also einfach ab, bis der Vermieter auf die Kündigung hin Räumung von Ihnen verlangt. Bleiben Sie auch dann weiter wohnen. Der Vermieter muß Sie auf Räumung verklagen. Damit gewinnen Sie Zeit, unter Umständen so viel Zeit, daß sich sogar die Kosten eines im Endeffekt verlorenen Räumungsprozesses rentieren können. Bei einem Prozeß wegen einer fristlosen Kündigung müssen Sie allerdings beachten, daß der Vermieter die Kündigung auch auf Gründe stützen kann, die er in der schriftlichen Kündigungserklärung nicht geltend gemacht hat (OLG Karlsruhe WM 82, 242). Es geht also um die Abschätzung und Abwägung folgender Risiken:

- Wie groß sind Ihre Chancen, den Räumungsprozeß zu gewinnen?
- Wieviel ist die Zeit wert, die Sie auf jeden Fall gewinnen, wenn Sie sich auf den Prozeß einlassen (es handelt sich in der Regel mindestens um drei bis vier Monate)? Der Wert dieser Zeit ist umso höher zu veranschlagen, je preisgünstiger Sie derzeit wohnen.
- Können Sie sich unabhängig davon einen verlorenen Prozeß finanziell überhaupt leisten (zu den Prozeßkosten vgl. Rdnr. 229 ff.)?

In weniger eindeutigen Fällen werden Sie sich zur Abschätzung dieser Fragen rechtlich beraten lassen müssen. Fällt die Abwägung völlig negativ aus, so sollten Sie keinen Prozeß riskieren, sondern vor der Klageerhebung ausziehen.

VI. Der Auszug

1. Rückgabepflicht

221   Ist Ihr Mietverhältnis beendet, so müssen Sie die Wohnung zurückgeben. Hierzu gehört die vollständige Räumung. Bleiben Einrichtungen in der Wohnung zurück, kann der Vermieter diese auf Ihre Kosten beseitigen lassen und gegebenenfalls Schadensersatz verlangen, wenn die Wohnung wegen der nur teilweisen Räumung nicht sofort wieder vermietet werden konnte (BGH WM 88, 270).

Ist der Vermieter allerdings damit einverstanden, daß der Mieter den Besitz an der Wohnung unmittelbar auf den Nachmieter überträgt, so endet das Mietverhältnis mit der Übergabe der Wohnung an den Nachmieter (LG Berlin WM 88, 271).

Sie **müssen** beim Auszug **sämtliche Schlüssel zurückgeben.** Tun Sie das
nicht, so sind Sie, was oft übersehen wird, weiterhin zur Mietzahlung und
gegebenenfalls zum Schadensersatz verpflichtet. Läßt der Vermieter, statt
Sie auf Mietzahlung in Anspruch zu nehmen, die Schlösser wechseln, so
müssen Sie die hierdurch entstandenen Kosten erstatten, wenn die Gefahr
einer mißbräuchlichen Verwendung des Schlüssels besteht (LG Köln WM
82, 2). An Schlüsseln haben Sie selbst dann kein Zurückbehaltungsrecht,
wenn Sie noch Forderungen gegen den Vermieter (z.B. wegen Kautionsrück-
zahlung) haben.

2. Schönheitsreparaturen

222   Eventuell müssen Sie auch vor dem Auszug noch Schönheitsreparaturen
oder Renovierungsarbeiten durchführen. Lesen Sie dazu Rdnr. 59/60. Nehmen Sie die Schönheitsreparaturen, zu denen Sie sich nach dem Vertrag
verpflichtet haben, nicht oder nur unvollkommen vor, so kann der Vermieter
allerdings nur dann Schadensersatz wegen Beauftragung eines Malers verlangen, wenn er Sie hiervon in Kenntnis gesetzt hat und Gelegenheit zur
Nachholung der beanstandeten Arbeit gegeben hat (AG Braunschweig WM
81, U 1). Kann der Vermieter die Wohnung wegen der unterlassenen Renovierung nicht sofort weitervermieten, kommt auch die Geltendmachung des
Mietausfalls gegen Sie in Betracht.

Den Mietausfall kann der Vermieter aber dann nicht verlangen, wenn Sie
ihm nachweisen können, daß ein Interessent die Wohnung auch unrenoviert
genommen hätte. Wahrscheinlich wird der Beweis für Sie aber schwer zu
führen sein. Hat der Vermieter keine Handwerker bestellt oder nicht dafür
gesorgt, daß die Malerarbeiten etc. zügig durchgeführt werden, so brauchen
Sie ebenfalls nicht den genannten Mietausfall zu tragen.

Verlangt der Vermieter von Ihnen nach dem Auszug, daß Sie die Schönheitsreparaturen vornehmen und setzt er Ihnen für diese Vornahme eine Frist,
so müssen Sie während der Laufzeit dieser Frist den Mietausfall tragen, es
sei denn, Sie haben vorher die Arbeiten durchgeführt.

Der Vermieter hat keinen Anspruch auf Ausführung der Schönheitsreparaturen, wenn Sie die Wohnung an den Nachmieter ohne Beanstandungen
übergeben haben (AG Offenbach WM 77, 204) oder dieser die Instandsetzungen auf seine Kosten durchgeführt hat (LG Mannheim WM 77, 253).

Hat der Vermieter die Kaution ohne Vorbehalt zurückgezahlt, dann kann er
keine Schadensersatzansprüche mehr geltend machen. Denn darin liegt eine
stillschweigende Erklärung darüber, daß keine Ansprüche gegen den Mieter mehr bestehen.

Dringen Sie nach dem Auszug unbedingt auf die Anfertigung eines vom Mieter und Vermieter unterzeichneten Übergabeprotokolls. Das erspart Ärger mit nachträglichen Forderungen des Vermieters.

In das Protokoll sollen auch streitige Punkte aufgenommen werden, etwa so: *,,Mieter und Vermieter sind darüber einig, daß die Wohnung in ordnungsgemäßem Zustand übergeben wurde. Ausgenommen hiervon sind nach Ansicht des Vermieters sechs Dübellöcher in der Stirnwand des Wohnzimmers. Der Mieter ist der Ansicht, daß er durch das Zugipsen der Löcher seine Pflicht erfüllt hat.''*

Ein solches Protokoll mit streitigen Punkten hat den Zweck, daß ein möglicher Prozeß auf die festgestellten Punkte begrenzt wird und der Vermieter nicht, wie es oft geschieht, noch weitere Forderungen wegen angeblicher Mängel nachschieben kann.

Verweigert der Vermieter die Unterschrift unter ein solches Protokoll, so sollten Sie den Zustand der Wohnung durch Zeugen festhalten lassen und ggfs. Fotos machen. Sie haben dann bei einer möglichen gerichtlichen Auseinandersetzung Beweismittel.

Bescheinigt der Vermieter im Übergabeprotokoll die Mangelfreiheit der Wohnung, ohne sie auf Schäden untersucht zu haben, kann er wegen später festgestellter Schäden keine Ansprüche mehr geltend machen (AG Wesel WM 87, 84).

3. Verjährung der Ansprüche des Vermieters

223   Die Schadensersatzansprüche des Vermieters verjähren in sechs Monaten ab Rückgabe der Wohnung, unabhängig davon, ob das Mietverhältnis zu diesem Zeitpunkt schon beendet ist oder nicht. Finden noch Verhandlungen zwischen Vermieter und Mieter über den Grund oder die Höhe der Schadensersatzpflicht statt, so beginnt die Verjährungsfrist erst zu laufen, wenn diese Verhandlungen endgültig abgebrochen sind (OLG Köln WM 88, 22). Ansprüche auf Mietzahlung und Nebenkosten verjähren in vier Jahren. Letztere sind meist aber schon vorher verwirkt (vgl. Rdnr. 129 und 133).

Wenn der Vermieter also Schadensersatz von Ihnen verlangt, z.B. weil Sie eine Beschädigung an der Wohnung hinterlassen haben, so prüfen Sie immer zuerst, ob der Anspruch nicht schon verjährt ist. In einem Prozeß brauchen Sie sich dann nur auf die Verjährung zu berufen, und der Vermieter wird mit seiner Klage abgewiesen.

Wenn Sie allerdings eindeutig zu erkennen geben, daß Sie die Leistung erbringen werden, die Forderung des Vermieters also anerkennen, dann wird die Verjährung hierdurch unterbrochen. Wenn der Vermieter Sie verklagt oder einen Zahlungsbefehl gegen Sie erwirkt, wird die Verjährung ebenfalls un-

terbrochen. Dabei kommt es in aller Regel auf den Zeitpunkt der Einreichung der Klage bzw. des Zahlungsbefehls bei Gericht an.
Durch die Unterbrechung beginnt die Verjährungsfrist wieder neu zu laufen.

4. Verjährung der Ansprüche des Mieters

224   Sie müssen aber auch aufpassen, daß die Ansprüche, die Ihnen gegen den Vermieter zustehen, nicht verjähren. Ihr Anspruch, von Ihnen eingebrachte Einrichtungen zu entfernen, also z.B. den Fußbodenbelag, die nicht fest eingebauten Öfen, die Spüle etc. abzuholen, verjährt ebenfalls innerhalb von 6 Monaten. Das gleiche gilt für Ihr Recht, Entschädigung für solche Einrichtungen zu verlangen, die (nach dem Willen des Vermieters) in der Wohnung bleiben sollen. Auch Ihr Recht auf Ersatz von Verwendung, also für Aufwendungen, die Sie wegen baulicher Veränderungen an der Wohnung hatten, verjährt in 6 Monaten. Den nicht abgegoltenen Teil eines verlorenen Baukostenzuschusses müssen Sie innerhalb eines Jahres herausverlangen. Rückforderungsansprüche wegen zuviel bezahlter Heizkosten verjähren bei fortbestehendem Mietverhältnis nach Ablauf von vier Jahren (OLG Hamburg WM 88, 83).
Für alle übrigen Ansprüche gilt die lange Verjährungsfrist von 30 Jahren.

5. Verwendungen

225   Nochmals zurück zu Ihrem Anspruch auf Verwendungsersatz für von Ihnen vorgenommene Ein- oder Umbauten. Auch wenn der Vermieter die bauliche Veränderung genehmigt hat, erhalten Sie Ersatz von ihm nur dann, wenn die Veränderung entweder eine notwendige Verwendung war, also dem Erhalt der Wohnung überhaupt diente, oder aber im Interesse des Vermieters geschehen ist. Das zu beweisen wird für Sie oft schwer sein. Geld für die bauliche Veränderung können Sie aber jedenfalls dann verlangen, wenn der Vermieter aufgrund Ihrer Einbauten vom Nachmieter eine höhere Miete erhält.

6. Kautionsrückzahlung

226   Nach Ihrem Auszug muß der Vermieter die Kaution zurückzahlen. Fällig wird der Rückzahlungsanspruch allerdings erst innerhalb einer angemessenen Zeit, innerhalb derer sich der Vermieter Klarheit darüber verschaffen kann, ob und in welcher Höhe ihm noch Ansprüche (z.B. für Nebenkosten) zustehen. AG Miesbach WM 80, 206 hat für diese Frist drei Monate, AG Dortmund WM 81, 235 eine Frist von zwei Monaten als ausreichend angesehen.
Den Teil der Kaution allerdings, den der Vermieter offensichtlich nicht benötigt, können Sie auch sofort verlangen, jedenfalls dann, wenn Sie ein

dringendes wirtschaftliches Bedürfnis haben, etwa weil Sie den Betrag zur Anmietung von Ersatzmieträumen benötigen.

Sofort zurückzahlen muß der Vermieter die Kaution auch dann, wenn er die Räume vorbehaltlos abgenommen hat. Er kann dann die Auszahlung der Kaution nicht deshalb verweigern, weil er sich angeblich über die Ordnungsmäßigkeit der Räume geirrt hat.

Hat während Ihrer Mietzeit der Eigentümer gewechselt, so können Sie auch noch von dem alten Eigentümer verlangen, daß dieser die Kaution zurückzahlt.

(Über Ihre Ansprüche gegenüber dem neuen Vermieter lesen Sie bei Rdnr. 164).

6. Kapitel Das gerichtliche Verfahren

I. Beratung, Anwalt

227   Für erstinstanzliche Prozesse im Zusammenhang mit Mietverhältnissen ist immer das Amtsgericht zuständig, und zwar dasjenige, in dessen Bezirk die betreffende Wohnung liegt (Ausnahme: eine Klage auf Wohngeldgewährung ist an das Verwaltungsgericht zu richten, vgl. Rdnr. 160). Da beim Amtsgericht kein Anwaltszwang herrscht, brauchen Sie also auch nicht unbedingt einen Anwalt zu nehmen, wenn Sie verklagt werden oder den Vermieter verklagen wollen. Wir hoffen, diese Broschüre so klar und konkret abgefaßt zu haben, daß Sie sich, jedenfalls in einfacheren Fällen, auch alleine zurechtfinden. Aber auch in komplizierten Angelegenheiten brauchen Sie nicht unbedingt einen Anwalt mit der Prozeßführung zubeauftragen. Versuchen Sie zunächst, andere Möglichkeiten auszuschöpfen. An vielen Universitäten bietet z.B. der AStA eine kostenlose Rechtsberatung für immatrikulierte Studenten; in einigen Städten gibt es auch eine von der Rechtsanwaltskammer oder vom Anwaltsverein veranstaltete Rechtsberatung für finanziell schwächere Bürger. An diesen Stellen kann man Ihnen zwar keinen Prozeßvertreter zuordnen, man kann Sie jedoch ausführlich beraten, und das wird in vielen Fällen schon genügen.

228   Seit dem 1. Januar 1981 ist das Beratungshilfegesetz in Kraft. Auf Antrag kann für die Wahrnehmung außerhalb eines gerichtlichen Verfahrens Beratungshilfe gewährt werden, wenn der Mieter nach seinen persönlichen und wirtschaftlichen Verhältnissen die zur Rechtsberatung erforderlichen Mittel nicht aufbringen kann, keine anderen Möglichkeiten für eine Hilfe zur Verfügung stehen, deren Inanspruchnahme zumutbar und die Wahrnehmung der Rechte nicht mutwillig erscheint. Schließlich muß dem Mieter Prozeßkostenhilfe ohne eigenen Beitrag zu den entstehenden Kosten zu gewähren sein (s. dazu gleich unten). Beratungshilfe besteht grundsätzlich in Beratung und, soweit erforderlich, auch in Vertretung. Beratungshilfe wird insbesondere auch in Angelegenheiten des Miet- und Verwaltungsrechts (Wohngeld!) gewährt. Zur Beratungshilfe können Rechtsanwälte eigener Wahl herangezogen werden. Mit der Beratungshilfe ist insbesondere den wirtschaftlich Schwachen ein echter Vorteil eingeräumt, weil der Gang zum Rechtsanwalt nicht mehr aus Angst vor Kosten vermieden bleiben muß.

Das frühere Armenrecht wurde durch die Prozeßkostenhilfe abgelöst. Die Prozeßkostenhilfe gilt, wie schon der Name sagt, für Hilfe aus Anlaß gerichtlicher Auseinandersetzungen. Die Prozeßkostenhilfe ist dem alten Armenrecht nachgebildet. Wie bisher erhält der Mieter, der nach seinen persönlichen und wirtschaftlichen Verhältnissen nicht, nur zum Teil oder nur in Raten die Kosten eines Prozesses aufbringen kann, auf Antrag Prozeßkostenhilfe, wenn das, was er will oder wogegen er sich wehren möchte, Aussichten auf Erfolg bietet. Ob und welche Raten zu zahlen sind, richtet sich z.Z. nach folgender Tabelle.

Nettoeinkommen auf volle DM abgerundet monatlich bei Unterhaltsleistungen auf Grund ges. Unterhaltspflicht für Pers.							Monatsrate
	0	1	2	3	4	5	DM
bis	850	1 300	1 575	1 850	2 125	2 400	0
	900	1 350	1 625	1 900	2 175	2 450	40
	1 000	1 450	1 725	2 000	2 275	2 550	60
	1 100	1 550	1 850	2 100	2 375	2 650	90
	1 200	1 650	1 925	2 200	2 475	2 750	120
	1 300	1 750	2 025	2 300	2 575	2 850	150
	1 400	1 850	2 125	2 400	2 675	2 950	180
	1 500	1 950	2 225	2 500	2 775	3 050	210
	1 600	2 050	2 325	2 600	2 875	3 150	240
	1 800	2 250	2 525	2 800	3 075	3 350	300
	2 000	2 450	2 725	3 000	3 275	3 550	370
	2 200	2 650	2 925	3 200	3 475	3 750	440
	2 400	2 850	3 125	3 400	3 675	3 950	520

Bei Unterhaltsleistungen für mehr als 5 Personen erhöhen sich die in dieser Spalte angeführten Beträge um 275 DM für jede weitere Person

Einen Rechtsanwalt erhält der Mieter zur Wahrnehmung seiner Interessen im Rahmen der Prozeßkostenhilfe in Mietstreitigkeiten bei den Amtsgerichten allerdings nur, wenn entweder der Gegner durch einen Rechtsanwalt vertreten ist, oder aber die Sach- oder Rechtslage schwierig ist. Wichtig ist es, immer einen Antrag zu stellen, damit einem ein Rechtsanwalt beigeordnet wird. Den kann der Mieter sich selbst aussuchen. Wenn Sie also etwa verklagt sind und der Gegner einen Rechtsanwalt beauftragt hat, richten Sie an das Gericht folgendes Schreiben:

„An das Amtsgericht
In dem gegen mich anhängigen Rechtsstreit möchte ich mich gegen die
Klage verteidigen. Ich bitte, mir Prozeßkostenhilfe zu gewähren, da der
Kläger durch einen Rechtsanwalt vertreten ist. Da der geltend gemach-
te Anspruch nicht begründet ist (das muß jetzt ausgeführt werden) und
ich nicht in der Lage bin, nach meinen persönlichen und wirtschaftlichen
Verhältnissen die Kosten eines Rechtsstreits selbst zu tragen (ein ent-
sprechendes Zeugnis füge ich bei), beantrage ich, mir Prozeßkostenhil-
fe zu gewähren und Herrn Rechtsanwalt XX beizuordnen.
gez. Unterschrift"

Bei den Amtsgerichten gibt es Formulare, die wegen der persönlichen und
wirtschaftlichen Verhältnisse ausgefüllt und Schriftsätzen wie dem vorgenannten beigefügt werden müssen.

II. Kosten

1. Prozeßkostenrisiko

229   Bei jedem Prozeß entstehen Gerichtsgebühren und, wenn ein Anwalt beauftragt worden ist, Anwaltsgebühren. Diese, und zwar einschließlich der An-
waltskosten des Gegners, müssen normalerweise von demjenigen getragen
werden, der den Prozeß verliert. Da die Sachlage selten so eindeutig ist,
daß der Ausgang des Prozesses sicher vorausgesehen werden könnte, tragen Sie, ob als Kläger oder Beklagter, also immer ein gewisses Prozeßkostenrisiko.

Gerade, wenn man finanziell nicht sonderlich gut gestellt ist, sollte man also immer sorgfältig prüfen, ob man sich auf einen Prozeß einlassen sollte.
Andererseits sollte man allerdings auch nicht zu schüchtern sein. Denn der
Vermieter als der wirtschaftlich Stärkere scheut das Kostenrisiko in der Regel nicht und wird den Mieter oft auch in einer weniger aussichtsreichen Sache mit einem Prozeß überziehen, in der Gewißheit, daß er einen verlorenen durch drei gewonnene wettmachen kann. Man sollte ihn in dieser Situation nicht noch psychologisch stärken, indem man als Mieter allzu große
Zurückhaltung übt. Zahllose aussichtsreiche Prozesse werden nicht geführt,
weil die Mieter Angst vor dem Prozeßkostenrisiko haben. Ein Vermieter, der
weiß, daß er sich auf diese Angst verlassen kann, wird sich mit der Zeit immer mehr herausnehmen.

Was speziell den Räumungsprozeß angeht (also den Prozeß, dem eine Kündigung des Vermieters vorausgegangen ist, der sich der Mieter widersetzt
hat), so gibt es übrigens einige wichtige Ausnahmen von der oben genann-

ten Regel, wonach der unterliegende Teil die Prozeßkosten zu tragen hat. Ein Fall sei hier ausdrücklich beschrieben (§ 93b Abs. 3 ZPO): Der Vermieter hat Ihnen gekündigt. Sie haben daraufhin Widerspruch gegen die Kündigung gem. der Sozialklausel erhoben (vgl. Rdnr. 196 ff.) oder auch nur die Bewilligung einer Räumungsfrist beantragt. Im Prozeß anerkennen Sie nun den Anspruch des Vermieters, d.h. Sie bestehen nicht auf einer eigentlichen Verlängerung des Mietverhältnisses. Sie beantragen jedoch weiterhin die Gewährung einer Räumungsfrist. Billigt Ihnen nun das Gericht die Räumungsfrist zu (was es in der Regel tun wird), so kann es — und das sollten Sie nun auch ausdrücklich beantragen — die Kosten ganz oder teilweise dem Vermieter auferlegen, obwohl er seinen Prozeß eigentlich gewonnen hat, sozusagen als Strafe dafür, daß er Ihnen nicht schon vorher eine Räumungsfrist gewährt und das Gericht unnötig in Anspruch genommen hat.

Höhe der Kosten

230   Wie hoch die Gerichts- bzw. Anwaltsgebühren im einzelnen sind, berechnet sich nach dem sogenannten ,,Streitwert'' des Prozesses. Wird eine Geldsumme eingeklagt, so stellt diese den Streitwert dar. Beispiel: Der Vermieter behauptet nach Ihrem Auszug, Sie schulden ihm noch DM 400 für Renovierungskosten, und klagt diese ein. Dann beträgt der Streitwert des Prozesses DM 400. Verklagt Sie der Vermieter auf Räumung, weil er der Ansicht ist, er habe Ihnen wirksam gekündigt, Sie jedoch das Gegenteil behaupten und wohnen bleiben wollen, so berechnet sich der Streitwert nach dem Mietzins (nach herrschender Meinung einschließlich Nebenkosten für ein Jahr). Bezahlen Sie also monatlich insgesamt DM 40, so beträgt der Streitwert DM 4.800.

Dem Gerichtskostengesetz und der Bundesrechtsanwaltsgebührenordnung sind nun Tabellen beigegeben, aus denen sich ergibt, welche Gebühr bei welchem Streitwert anfällt. Die dort genannte Gerichtsgebühr fällt normalerweise insgesamt dreimal an, einmal für das Verfahren als solches, zusätzlich zweimal für das Urteil. Hinzu kommen können gegebenenfalls Auslagen für Beweiserhebung (z. B. wenn ein Zeuge vernommen wurde, der Verdienstausfall und Fahrtkosten geltend macht). Die in der Bundesrechtsanwaltsgebührenordnung genannte Gebühr fällt zwei- bis viermal an, einmal für das Betreiben des Geschäfts als solchem, sodann für die Vertretung in der mündlichen Gerichtsverhandlung, und ggfs. noch je einmal für die Vertretung in einer Beweisaufnahme und einem Vergleichsabschluß. Ferner kann der Anwalt Porto, Fernsprech- und Schreibauslagen geltend machen.

Zwei Beispiele:

a. In dem o.g. Fall, wo DM 400 Renovierungskosten eingeklagt wurden, der Streitwert also ebenfalls DM 400 beträgt, entstehen folgende Gebühren:

Gerichtsgebühr dreifach	ca. DM 60
Rechtsanwaltsgebühren ohne Beweisaufnahme	ca. DM 100
mit Beweisaufnahme	ca. DM 140

Hinzu kommen ggfs. Verdienstausfall und Reisekosten für Zeugen, bzw. die Kosten für ein Sachverständigengutachten.

b. In dem oben angeführten Räumungsprozeß, in dem der Streitwert DM 4.800 betrug, ergibt sich folgende Rechnung:

Gerichtsgebühren dreifach	ca. DM 350
Rechtsanwaltsgebühren ohne Beweisaufnahme	ca. DM 500
mit Beweisaufnahme	ca. DM 740

zusätzlich ggfs. Zeugen- und Sachverständigenkosten.

Zu beachten ist, daß die soeben genannten Rechtsanwaltsgebühren für jeden Anwalt anfallen; lassen sich also beide Parteien anwaltlich vertreten, so sind die Rechtsanwaltskosten zu verdoppeln. Im zweiten Beispiel können sich also u.U. Kosten von über DM 2.000 ergeben. Wie soeben bei Rdnr. 229 am Ende ausgeführt, können diese Kosten im Räumungsprozeß jedoch, wenn Sie es geschickt anstellen, ganz oder teilweise dem Vermieter auferlegt werden, auch wenn er den Prozeß eigentlich gewinnt.

III. Beispiele für Schriftsätze

231   Im folgenden wollen wir Ihnen anhand einiger Musterbeispiele einen Eindruck davon vermitteln, wie eine Klageschrift aussieht, und wie man darauf entgegnet. Es können natürlich nur besonders typische Beispiele gegeben werden; im Einzelfall werden sich erhebliche Abweichungen ergeben. Wenn Sie keinen Rechtsanwalt nehmen wollen, jedoch Zugang zu einer kostenlosen Rechtsberatung haben, so wird man Ihnen dort bei der Abfassung eines Schriftsatzes behilflich sein. Eine Musterklage auf Wohngeldgewährung finden Sie bei Rdnr. 160.

1. Räumungsklage mit Klageerwiderung

232   Wir beginnen mit einer Räumungsklage und der darauf fälligen Erwiderung. Es soll folgender Fall zugrunde liegen:

Der Vermieter hat Ihnen gekündigt und als berechtigtes Interesse an der Kündigung zum einen eine erhebliche schuldhafte Pflichtverletzung Ihrerseits, zum anderen Eigenbedarf geltend gemacht. Sie haben form- und fristgerecht gemäß der Sozialklausel Fortsetzung des Mietverhältnisses verlangt und als Härtegründe angegeben, Sie hätten die Wohnung vor kurzem mit erheblichem Kostenaufwand renoviert, es sei Ihnen nicht gelungen, eine vergleichbare andere Wohnung zu zumutbaren Bedingungen zu finden, und schließlich stünde Ihnen ein Examen bevor, und ein Umzug würde Sie erheblich in der Vorbereitung darauf stören. Eine solche Anhäufung gravierender Widerspruchsgründe wird natürlich in der Praxis selten sein. Um in unserem Beispiel eine größere Breite zu erzielen, haben wir sie hier trotzdem zusammenkommen lassen. Wir wollen weiter davon ausgehen, daß Sie in Ihrer Klageerwiderung nicht nur Härtegründe anführen, die dann vom Gericht gegen das berechtigte Interesse des Vermieters an der Kündigung abzuwägen sind, sondern daß Sie auch schon die Gründe, die der Vermieter für sein berechtigtes Interesse vorbringt, bestreiten. Die Klageschrift, die der Vermieter beim Gericht einreicht, und die Ihnen dann durch das Gericht zugestellt wird, wird etwa folgendermaßen aussehen:

Klage in Sachen

Viktor Vogel, Versicherungsmakler
Hauptstr. 348, 7800 Freiburg i. Br.

- Kläger -

Prozeßbevollmächtiger: Rechtsanwalt
Schultze, Bergstr. 12, 7800 Freiburg i. Br.

gegen

Michael Meier, Student
Stadtstr. 16, 7800 Freiburg i. Br.

- Beklagter -

wegen Räumung und Herausgabe

Namens und mit Vollmacht des Klägers erhebe ich hiermit Klage vor dem Amtsgericht Freiburg. Im Termin zur mündlichen Verhandlung werde ich folgendes Urteil beantragen:

1. Der Beklagte wird verurteilt, die im Hause Stadtstr. 16, 7800 Freiburg i. Br, angemietete Wohnung, bestehend aus drei Zimmern und Neben-räumen sowie einem Kellerabteil, zu räumen und an den Kläger heraus-zugeben.

2. Der Beklagte trägt die Kosten des Rechtsstreits.

3. Das Urteil ist vorläufig vollstreckbar.

Begründung:

Der Kläger ist Eigentümer des Anwesens in der Stadtstr. 16 in Freiburg. Die Parteien haben über die im Klageantrag näher gekennzeichnete Woh-nung am 3. April 1989 einen schriftlichen Mietvertrag abgeschlossen. Der monatliche Mietzins beträgt DM 400 incl. Nebenkosten. Die dem Miet-vertrag rückseitig beigefügte Hausordnung ist Bestandteil des Mietver-trages.

Beweis: Anliegende Kopie des Mietvertrages nebst Hausordnung.

Am 25. Mai 1990 kündigte der Kläger den Mietvertrag mit eingeschrie-benem Brief zum 31. August 1990. Als berechtigtes Interesse an der Kün-digung gab der Kläger erhebliche schuldhafte Pflichtverletzungen des Beklagten sowie Eigenbedarf an.

Beweis: beiliegende Kopie des Kündigungsschreibens vom 25.5.1990.

Mit Schreiben vom 14.6.1990 verlangte der Beklagte die Fortsetzung des Mietverhältnisses mit der Behauptung, die Kündigung bedeute für ihn eine unbillige Härte. Er habe im Frühjahr 1991 ein Examen abzulegen, so daß ihm ein vorheriger Umzug nicht zuzumuten sei. Ferner habe er die Wohnung vor kurzem mit einem Kostenaufwand vom DM 500 reno-vieren lassen. Im übrigen sei es ihm unmöglich, eine ähnliche Wohnung zu zumutbaren Bedingungen zu erhalten. Mit Schreiben vom 26.6.1990 teilte der Kläger dem Beklagten mit, daß er die Härtegründe des Beklagten nicht als hinreichend anerkennen könne, sofern sie überhaupt sachlich zuträfen.

Beweis: Anliegende Kopie des Schreibens vom 14.6.1990 sowie die Ant-wort des Klägers vom 26.6.1990.

Da seit dem Ablauf der Kündigungsfrist bereits ein Monat vergangen ist, ohne daß der Beklagte ausgezogen wäre, ist Klage geboten.

Der Kläger stützt die Gründe für sein berechtigtes Interesse an der Kün-digung auf folgenden Sachverhalt:

1. Schuldhafte Pflichtverletzung

Der Beklagte hält in der Wohnung einen großen Hund, obwohl in der dem Mietvertrag beigefügten Hausordnung die Haustierhaltung ausdrück-lich nur mit schriftlicher Genehmigung des Vermieters gestattet ist. Eine solche Genehmigung wurde dem Beklagten aber weder schriftlich noch mündlich erteilt. Der Hund, der vom Beklagten anscheinend ,,antiautoritär'' erzogen wurde, pflegt sich zu jeder Tages- und Nachtzeit durch überlautes Bellen bemerkbar zu machen. Schon wiederholt gingen dem Kläger dieserhalb Klagen anderer Hausbewohner zu. Ferner pflegt der Hund den zum Haus gehörigen Garten und häufig sogar das Treppenhaus mit seinem Kot zu verunreinigen; ganz abgesehen davon, daß der Beklagte den Hund häufig im nahegelegenen Bach baden läßt, um ihn dann tropfnaß durch das ganze Treppenhaus in seine Dachwohnung gehen zu lassen.

Wiederholte Abmahnungen seitens des Klägers blieben erfolglos.

Beweis: Frau Gertrud Zeiger, Stadtstr. 16, 7800 Freiburg i. Br. als Zeugin.

Die Abmahnungen des Klägers zeitigten lediglich den Erfolg, daß der Beklagte seinen Hund am 23.4.1990, wie ein Nachbar beobachten konnte, in der Hauptstraße spazieren führte, und ihn vor der Haustür des Klägers sein Geschäft verrichten ließ.

Beweis: Herr Gerhard Lug, Hauptstr. 349, 7800 Freiburg i.Br., als Zeuge.

Der Beklagte hat sich somit fortwährend einer erheblichen Störung des Hausfriedens, sowie beleidigenden Verhaltens gegenüber dem Kläger schuldig gemacht, so daß eine Fortsetzung des Mietverhältnisses unzumutbar ist. Die genannten Gründe würden den Kläger zweifellos auch zu einer fristlosen Kündigung berechtigen. Er hat davon großzügigerweise abgesehen, was der Beklagte aber offensichtlich nicht zu würdigen weiß, da er sich dem Räumungsbegehren des Klägers nach wie vor widersetzt.

2. Die Kündigung wird ferner auf Eigenbedarf des Klägers gestützt.

Der Sohn Volker des Klägers hat im Frühjahr das Studium in Karlsruhe beendet, und wird sich demnächst verehelichen. Es liegt ihm ein Stellenangebot einer Freiburger Firma für die Zeit ab 1. November 1990 vor. Aus diesen Gründen möchte er sich im Herbst hier niederlassen, und zwar in der jetzt vom Beklagten bewohnten Wohnung.

Ich bitte um baldige Anberaumung eines Termins. Der Streitwert wird mit DM 4.800 (12 mal DM 400) angegeben.

Gerichtskostenmarken in Höhe von DM 116 zuzüglich DM 3 Zustellungskosten anbei.

Schultze

Rechtsanwalt

233   Eine solche Klageschrift bedarf natürlich einer gebührenden Erwiderung. Sie schreiben also ungefähr folgenden Schriftsatz (mit drei Durchschlägen,

einen behalten Sie bei sich) an das Amtsgericht Freiburg. Vergessen Sie nicht, das **Aktenzeichen** anzugeben, das Ihnen vom Gericht mitgeteilt wird.

An das Amtsgericht   *Datum*
7800 Freiburg

Az. 24 C 837/90

In Sachen Vogel gegen Meier
wegen Räumung und Herausgabe

werde ich im Termin zur mündlichen Verhandlung

Klageabweisung,
fürsorglich Räumungsschutz
beantragen.

Begründung:

I. Ich bestreite zunächst, daß der Kläger ein berechtigtes Interesse an der Kündigung hat. Die Gründe, die der Kläger hierfür vorbringt, entsprechen teils nicht der Wahrheit, teils sind sie rechtlich unerheblich.
1. Der Vorwurf der erheblichen Pflichtverletzung muß entschieden zurückgewiesen werden. Es entspricht schon nicht den Tatsachen, daß ich den Hund unbefugt hielt. Es stimmt zwar, daß mir keine schriftliche Genehmigung zur Haltung des Hundes vorliegt. Der Kläger suchte mich jedoch wenige Tage, nachdem ich den Hund angeschafft hatte, wegen der Heizkostenabrechnung in meiner Wohnung auf, und zeigte sich bei dieser Gelegenheit außerordentlich entzückt über das Tier. Es fiel während des etwa halbstündigen Aufenthaltes des Klägers in meiner Wohnung kein einziges Wort des Protests gegen die Hundehaltung.
Beweis: Frl. Susi Hartmann, Talstr. 26, 7800 Freiburg, als Zeugin.
Der Kläger hat mich auch später, bis zur Klageerhebung, nie aufgefordert, den Hund wieder abzuschaffen. Er hat hiermit stillschweigend sein Einverständnis zur Haltung des Hundes erteilt. Demgegenüber ist die Schriftlichkeitsklausel in der Hausordnung rechtlich unerheblich. Daß der Kläger jetzt plötzlich etwas gegen meinen Hund hat, mag daran liegen, daß sich sein Rauhhaardackel im Frühjahr des Jahres einmal auf einen Streit mit meinem Axel eingelassen hat und dabei natürlich den Kürzeren zog.

*Der Vorwurf, daß mein Hund fortwährend den ,,Garten'' und das Trep-
penhaus vollkote, ist unzutreffend. Ich pflege meinen Hund zur Verrich-
tung seines Geschäfts in das nahegelegene Waldstück zu führen. Es
sind Nachbarhunde, die den Garten verschmutzen.*

*In das Treppenhaus hat mein Hund ein einziges Mal gekotet, als er krank
war. Ich habe die Verunreinigung damals sofort selbst beseitigt. Die ,,wie-
derholten Abmahnungen'', auf die sich der Kläger beruft, bestanden darin,
daß er mich anläßlich dieses einen und einzigen Falles bat, dafür Sorge
zu tragen, daß ähnliches nicht wieder geschehe.*

*Es trifft ebenfalls nicht zu, daß mein Hund übermäßig viel und laut bellt.
Keiner der Hausbewohner, außer der vom Kläger angeführten Zeugin Frau
Zeiger, hat sich je deshalb beschwert. Frau Zeiger, die nach eigener Aussage etwas gegen ,,Studenten, Zigeuner und ähnliches Gesindel'' hat,
nimmt jede Gelegenheit wahr, sich mit mir anzulegen, ohne daß ich mei-
nerseits ihr jemals dazu Grund gegeben hätte.*

Beweis: Franz Schmitz, Stadtstr. 16, 7800 Freiburg i. Br., als Zeuge.

*Der Vorwurf schließlich, ich hätte meinen Hund in beleidigender Absicht
vor die Haustüre des Klägers koten lassen, ist völlig aus der Luft gegrif-
fen. Es ist mir völlig unerklärlich, wie der vom Kläger benannte Zeuge
zu einer solchen Aussage kommen kann. Die Absurdität des Vorwurfs
geht schon daraus hervor, daß die Hauptstraße von der Stadtstraße ca.
4 km entfernt und nur quer durch die Innenstadt erreichbar ist. Wenn
ich meinen Hund ausführe, so gehe ich aber nicht in die Innenstadt, sondern in den nahegelegenen Stadtwald.*

*2. Auch daß der Kläger wegen Eigenbedarfs kündigen könne, muß aus
tatsächlichen und rechtlichen Gründen bestritten werden. Zum einen
scheint es mir ziemlich zweifelhaft, ob der Sohn des Klägers tatsächlich
im Herbst nach Freiburg ziehen will. Nach meinen Informationen hat er
die Prüfung nicht bestanden und muß sich ihr im nächsten Frühjahr nochmals unterziehen. Mindestens bis zu diesem Zeitpunkt wird er also nicht
nach Freiburg ziehen können.*

*Aber auch wenn diese Information nicht zutreffen sollte, kann sich der
Kläger nicht auf Eigenbedarf berufen. In dem vom Kläger selbst bewohnten Haus in der Hauptstr. 348 steht seit längerem eine Wohnung leer,
die derzeit renoviert wird, und demnächst wieder vermietet werden soll.*

Beweis: Parteivernehmung des Klägers.

*Der Kläger könnte diese Wohnung seinem Sohn überlassen. Er will dies
jedoch nicht tun, weil sie einen höheren Mietzins einbringt, als die von
mir bewohnte. Dieses Bestreben, einen höheren Mietzins einzustreichen,
rechtfertigt es aber nicht, einen Mieter aus seiner Wohnung zu setzen.*

II.

Selbst wenn das Gericht meiner Argumentation nicht folgen sollte, muß ich mit Nachdruck darauf bestehen, daß die von mir vorgebrachten und aus meinem Schreiben vom 14.6.1990 ersichtlichen Härtegründe weit schwerer wiegen, als das vom Kläger vorgebrachte Interesse an der Kündigung, so daß das Mietverhältnis jedenfalls aus diesen Gründen fortgesetzt werden muß.

1. Im Frühjahr 1991 werde ich das Staatsexamen in Anglistik, im Sommer 1991 dasjenige in Germanistik ablegen. Wenn der Kläger in seinem Schreiben vom 26.6.1990 meinte, bis dahin sei noch so viel Zeit, daß mir ein Umzug zum 31. August 1990 zumutbar sein, so dokumentiert er damit nur seine völlige Unkenntnis der Situation. Die Verschärfung der Studienbedingungen, sowie die Verschlechterung der Einstellungsaussichten für Studienreferendere machen es absolut notwendig, daß ich mich schon jetzt täglich intensiv auf diese beiden Examina vorbereite. Die Belästigungen durch den Kläger haben mich bereits jetzt ganz erheblich in meinem Zeitplan zurückgeworfen.

2. Ebenfalls auf dem rechtlichen Holzweg befindet sich der Kläger, wenn er in seinem Schreiben vom 26.6.1990 meint, der von mir getriebene Kostenaufwand für die Renovierung meiner Wohnung gehe ihn nichts an. Die Wohnung befand sich bei der Übernahme durch mich in einem desolaten Zustand. Meiner Eigeninitiative und meiner Investitionsbereitschaft ist es zu verdanken, daß die Wohnung nun wieder in einem erträglichen Zustand ist. Der Kläger hat sich zu einem Zeitpunkt, als er mich noch nicht loswerden wollte, auch sehr lobend hierüber geäußert.

Beweis: Frl. Susi Hartmann, Talstr. 26, 7800 Freiburg, als Zeugin.

Es kann also keine Rede davon sein, daß der Kläger von meiner Renovierungstätigkeit nichts gewußt habe, und ich diese Investitionen gewissermaßen auf eigene Gefahr getätigt hätte. Nach der Rechtsprechung sind solche erheblichen freiwilligen Aufwendungen des Mieters für die Erhaltung und Verbesserung der Wohnung Härtegründe im Sinne des § 556a BGB.

3. Ungeachtet der eben genannten Gründe war ich wegen der dauernden Belästigungen durch das Räumungsbegehren des Klägers eine Zeitlang zum Auszug entschlossen, und bemühte mich aus diesem Grunde um eine andere Wohnung.

Beweis: 1. beil. Kopie eines Belegs über die Aufgabe eines Inserats in der hiesigen Tageszeitung. 2. Kopie dreier Eingaben auf Wohnungsangebote, 3. Zeugnis des von mir beauftragten Maklers Karl Klotzer, Wiesenstr. 1, 7800 Freiburg.

Nur ein einziges Angebot wurde mir gemacht: eine Wohnung, die 15 km vom Stadtkern entfernt ist, wesentlich kleiner und in schlechterem Zustand als meine jetzige ist, und die mich, die Fahrtkosten eingerechnet, ca. DM 100 mehr kosten würde, als die jetzige Wohnung.
Beweis: Beiliegende Kopie des Angebotsschreibens des dortigen Hausbesitzers.
Es ist damit nachgewiesen, daß angemessener Ersatzwohnraum zu zumutbaren Bedingungen nicht beschafft werden konnte. Das stellt aber schon nach dem Gesetz (§ 556a Abs. 1 Satz 2 BGB) einen Härtegrund dar, der das Eingreifen der Sozialklausel auslöst.

III.
Da der Kläger zu einer einvernehmlichen Regelung nach wie vor nicht bereit ist, hat das Gericht gem. § 556a Abs. 3 BGB auszusprechen, daß das Mietverhältnis mindestens bis zum Ablauf meiner Examina fortzusetzen ist. Jedenfalls aber wird mir eine Räumungsfrist bis zu dem genannten Zeitpunkt zuzubilligen sein.

Michael Meier

Wem der hier angeschlagene Ton zu rüde erscheint, dem sei versichert, daß die Motive für die beiden Schreiben größtenteils aus Originalakten entnommen sind. Dabei soll keiner mutwilligen Verschärfung des ohnehin oft emotionsgeladenen Tones Vorschub geleistet werden. Wir wollen Ihnen nur klarmachen, daß Sie sich keineswegs einschüchtern zu lassen brauchen und auf einen groben Klotz ruhig einen groben Keil setzen können.

2. Zahlungsklage

234 Es soll nun noch kurz die Abfassung einer Zahlungsklage dargestellt werden. Es soll der Fall angenommen werden, daß Sie, nachdem Sie ausgezogen sind, vom Vermieter den Ersatz von Renovierungskosten verlangen, während der Vermieter behauptet, diese Kosten seien von Ihnen zu tragen. Die Klageschrift, die Sie in dreifacher Fertigung an das Gericht schicken (behalten Sie auch einen Durchschlag für sich!), kann ungefähr folgendermaßen aussehen:

Klage

in Sachen Michael Meier, Student
Stadtstr. 16, 7800 Freiburg, — Kläger -

gegen

Viktor Vogel, Versicherungsmakler,
Hauptstr. 348, 7800 Freiburg, — Beklagter -

wegen Forderung

Hiermit erhebe ich Klage gegen den o.g.. Im Termin zur mündlichen Verhandlung werde ich folgenden Antrag stellen:
1. Der Beklagte wurde verurteilt, an den Kläger DM 500, nebst 4 % Zinsen hieraus seit dem 14.8.1990 zu zahlen.
2. Der Beklagte trägt die Kosten des Rechtsstreits.
3. Das Urteil ist vorläufig vollstreckbar.
Begründung:
Ich bewohnte bis zum 30.6.1990 eine Zweizimmer-Wohnung im Haus des Beklagten in der Hauptstr. 348 in Freiburg. Im Mietvertrag vom 28.12.1988 war in § 6 vereinbart, daß ich die Wohnung beim Bezug auf eigene Kosten und nach eigenem Geschmack renovieren und herrichten lassen sollte. Dafür sollte ich beim Auszug — das Mietverhältnis war bis zum 31.12.1991 befristet — keine neuerliche Renovierung zu tragen haben.
Beweis: Beiliegende Kopie des Mietvertrages vom 28.12.88.
Ich kam meiner Verpflichtung damals noch vor meinem Einzug nach. Im April 1990 ließ ich die beiden Zimmer nochmals von Grund auf renovieren, da mir die Tapete nicht mehr gefiel. Dafür entstanden mir Kosten von DM 500.
Beweis: Beiliegende Kopien von Rechnungen.
Es war dies eine freiwillige Leistung von mir, die ich vor allem im Hinblick darauf tätigte, daß ich ja noch weit über eineinhalb Jahre in der Wohnung bleiben würde.
Kurz nach dieser Renovierung verschlechterte sich mein zuvor gutes Verhältnis zum Beklagten rapide. Der Grund dafür ist möglicherweise darin zu suchen, daß die 10jährige Tochter des Beklagten mit ihrem Fahrrad gegen mein im Hof geparktes Auto fuhr und eine erhebliche Delle in der Fahrertüre verursachte. Die Tochter bestritt das, wurde jedoch durch Zeugen überführt. Ich nahm daraufhin den Beklagten bzw. dessen Haftpflichtversicherung auf Schadensersatz in Anspruch.
Beweis: Beiliegende Kopien des diesbezüglichen Schriftverkehrs.
Ich persönlich sah in diesem Vorfall nie einen Grund zu persönlichen Auseinandersetzungen. Der Beklagte jedoch versuchte von diesem Zeitpunkt an, mich aus der Wohnung herauszuekeln. So nahm er z.B. mehr-

mals in der Mittags- und Nachtruhezeit lautstarke Reparaturen im Treppenhaus vor meinem Wohnungsabschluß vor. Sein Verhalten gipfelte darin, daß er mehrmals während meiner Abwesenheit in meine Wohnung eindrang. Zur Rede gestellt, wußte er als Begründung nur völlig haltlose Ausflüchte vorzubringen.

Beweise: Frl. Susi Hartmann, Talstr. 26, 7800 Freiburg, als Zeugin.

Da mich das schikanöse Verhalten des Beklagten erheblich in meiner Examensvorbereitung störte, kündigte ich am 25.6.90 fristlos gem. § 554a BGB. Der Beklagte widersetzte sich dieser Kündigung nicht, da er ja nun sein Ziel erreicht hatte.

Ich sehe mich nun um die von mir aufgewendeten Renovierungskosten geprellt. Ich nahm diese Kosten auf mich, weil ich noch mit eineinhalb Jahren Mietzeit rechnete, nun jedoch kam ich kaum zwei Monate in den Genuß der renovierten Wohnung; der Beklagte hingegen kann nun meinem Nachmieter eine völlig renovierte Wohnung bieten und dafür möglicherweise sogar einen höheren Mietzins einstreichen. Ich meine daher, daß er mir zum Ersatz der Renovierungskosten verpflichtet ist.

Jedenfalls ist er dazu aus dem Gesichtspunkt des Schadensersatzes verpflichtet, da er mir durch seine Pflichtverletzung Grund zur fristlosen Kündigung gegeben hat und meine Aufwendungen nunmehr sinnlos waren.

Der Beklagte hat sich in mündlichen Verhandlungen nicht bereit erklärt, mir meine Kosten zu erstatten. Eine schriftliche Mahnung vom 1.8.1990 sowie eine letzte Mahnung vom 14.8.90 blieben ebenfalls erfolglos.

Beweis: Beiliegende Kopien meiner Schreiben vom 1. und 14. August 90.

Gerichtsmarken in der erforderlichen Höhe anbei.

Michael Meier

235   Noch ein Hinweis zu den Gerichtskostenmarken: das Gericht wird auf eine Klage hin nur tätig, wenn der Kläger einen Kostenvorschuß in Höhe einer Gebühr zuzüglich Zustellungskosten zahlt. Dies geschieht durch Aufkleben von Gerichtskostenmarken auf die Klageschrift. Die Marken sind bei den Gerichtskassen erhältlich. Bei der Geschäftsstelle des Gerichts wird man Sie auch über die Höhe des jeweils erforderlichen Vorschusses unterrichten.

IV. Gerichtsverhandlung und Vollstreckung

1. Gerichtsverhandlung

236   Wenn eine Klageschrift beim Gericht eingegangen und der Kostenvorschuß bezahlt ist, stellt das Gericht dem Beklagten die Klage zu und bestimmt gleich-

zeitig einen Termin zur mündlichen Verhandlung. Zu diesem Termin müssen Sie kommen oder (wenn nicht Ihr persönliches Erscheinen ausdrücklich angeordnet ist) sich durch eine mit schriftlicher Vollmacht versehene Person vertreten lassen. Sie können auch, unter Angabe von Gründen, Verlegung des Termins beantragen. Lesen Sie hierzu sorgfältig den Text der schriftlichen Ladung.

Erscheinen Sie zum Termin nicht und lassen Sie sich auch nicht vertreten, so ergeht ein sogenanntes „Versäumnisurteil" gegen sie. Wenn Sie Kläger sind, wird Ihre Klage abgewiesen. Wenn Sie Beklagter sind, werden Sie verurteilt, ohne daß das vom Kläger Vorgetragene auf seine Richtigkeit geprüft wird.

Gegen ein solches Versäumnisurteil kann man zwar Einspruch erheben mit der Folge, daß das Verfahren wieder aufgerollt wird. Das kompliziert die Sache aber unnötig. Außerdem werden der säumigen Partei, auch wenn sie im Endeffekt gewinnt, die durch Säumnis entstandenen Mehrkosten auferlegt. Der Einspruch gegen ein Versäumnisurteil muß **innerhalb einer Woche nach Zustellung** des Urteils eingelegt werden. Maßgeblich ist der Tag des Zugangs bei Gericht.

In der mündlichen Verhandlung erörtert der Richter die streitige Sache mit den Parteien. Gleichzeitig werden i.d.R. eventuell vorhandene Zeugen oder Sachverständige vernommen.

Anders als in einem amtsgerichtlichen Strafverfahren wird im Zivilprozeß das Urteil in der Regel nicht sofort verkündet. Der Richter beraumt vielmehr einen gesonderten Termin zur Verkündigung seiner Entscheidung an.

Wird man als Beklagter verurteilt, so empfiehlt es sich in der Regel, nunmehr zu zahlen, bzw. die Wohnung zu räumen. Denn wenn der obsiegende Kläger den Gerichtsvollzieher in Anspruch nimmt, so verursacht das nochmals erhebliche zusätzliche Kosten. Etwas anderes gilt natürlich dann, wenn eine Prüfung des Urteils ergibt, daß es sich um eine Fehlentscheidung handelt und eine Berufung Aussicht auf Erfolg hat. Denn wenn man dann das Berufungsverfahren gewinnt, so muß der Kläger dem Beklagten den gesamten aus dem falschen amtsgerichtlichen Urteil entstandenen Schaden ersetzen, also auch die Kosten für eine bereits erfolgte Vollstreckung durch den Gerichtsvollzieher.

2. Zwangsvollstreckung

237   Kommt es doch zur Zwangsvollstreckung, so wird diese folgendermaßen eingeleitet und durchgeführt:

Derjenige, der den Prozeß gewonnen hat, läßt sich von der Geschäftsstelle des Gerichts eine „vollstreckbare Ausfertigung" des Urteils erteilen. Das ist eine Ausfertigung des Urteils, die den amtlichen Vermerk trägt, daß aus dem Urteil vollstreckt werden darf. Ein solcher „Vollstreckungstitel" ist Voraussetzung für das Tätigwerden des Gerichtsvollziehers.

Das vollstreckbare Urteil muß dem Schuldner vor oder bei dem Beginn der Zwangsvollstreckungshandlung zugestellt werden, und zwar ebenfalls durch den Gerichtsvollzieher. In der Praxis sieht das so aus, daß man bei der Gerichtsgeschäftsstelle beantragt, den Gerichtsvollzieher mit der Zustellung und Zwangsvollstreckung zu beauftragen.

238 Dieser kann nun in Aktion treten. Er sucht den Schuldner auf, weist ihm den Vollstreckungstitel vor und fordert ihn zur Zahlung auf. Wird dem nicht Folge geleistet, so ist der Gerichtsvollzieher befugt, in die Wohnung einzudringen und sie zu durchsuchen. Verschlossene Zimmertüren, Schränke usw. darf er öffnen lassen, nötigenfalls auch mit Gewalt. Er wird sich zunächst nach Bargeld oder Wertgegenständen umsehen. Findet er solche nicht oder nicht in genügender Menge, so klebt er den berühmten Kuckuck an Einrichtungsgegenstände oder Möbel. Diese werden dann abgeholt und öffentlich versteigert. Der Erlös wird nach Abzug der Vollstreckungskosten dem Gläubiger zur Abdeckung seiner Forderung übergeben. Bestimmte lebensnotwendige Dinge dürfen nicht gepfändet werden, so z.B. die zu einer bescheidenen Lebensführung notwendigen Kleidungsstücke, Wäsche, Betten, Haus- und Küchengeräte. Auch ein Radio oder wahlweise ein Fernseher muß dem Schuldner belassen werden.

239 Anders sieht es natürlich aus, wenn es in einem Räumungsprozeß zur Zwangsvollstreckung kommt. In diesem Fall wird der Gerichtsvollzieher den Mieter unter Vorlage des vollstreckbaren Urteils zur Räumung der Wohnung auffordern. Kommt der Mieter dem nicht nach, so wird ihm der Gerichtsvollzieher die Zwangsräumung androhen und hierfür einen Termin nennen. Bei diesem Termin darf er nun allerdings Gewalt anwenden, und sich hierzu auch der Hilfe der Polizei bedienen. Der Mieter darf aus der Wohnung abgeführt werden. Seine Möbel dürfen aus der Wohnung entfernt werden; sie dürfen jedoch nicht einfach auf die Straße gestellt, sondern müssen bei einer Spedition eingelagert werden. Die Kosten für die gesamte Aktion fallen dem Mieter zur Last.

Eine letzte Möglichkeit, den Auszug auch dann noch hinauszuschieben, wenn der Gerichtsvollzieher schon beauftragt ist, bietet § 765a ZPO. Danach kann das Gericht auf Antrag des Räumungsschuldners die Zwangsvollstreckung einstweilen einstellen, wenn sie für ihn eine solche Härte bedeuten würde, daß sie „mit guten Sitten nicht vereinbar" wäre. Schon diese Formulierung des Gesetzes zeigt, daß hier nur Extremfälle in Frage kommen, z.B. plötzliche schwere Krankheit, die einen Auszug unmöglich macht. Ebenfalls als unzumutbare Härte wurde es angesehen, wenn der Mieter einen Mietvertrag über eine neue Wohnung vorliegen hat und wegen der Zwangsräumung für 6 Tage einen Ersatzwohnraum beschaffen mußte (AG Miesbach WM 80, 204).

7. Kapitel Sonderregelung für Berlin

I. Allgemeines

240   Die Mietpreisbindung für Altbauwohnungen in Berlin sowie der besondere Kündigungsschutz des Mieters bei der Umwandlung von Miet- und Eigentumswohnungen sind durch das Gesetz zur dauerhaften sozialen Verbesserung der Wohnsituation im Land Berlin (GVW) vom 14.07.1987 (BGBl I 1625) mit Ablauf des 31.12.1987 beendet worden.

Allerdings enthält das am 01.01.1988 in Kraft getretene Gesetz Übergangsregelungen für die Zeit bis zu seinem Außerkrafttreten am 31.12.1994. Grundsätzlich gilt auch in Berlin das Miethöhegesetz. Die Einschränkungen für die Mietpreisgestaltung bei Altbauwohnungen sind nachfolgend in Grundzügen dargestellt.

II. Mietpreisbindung für Altbauwohnungen

241   1. **Altbauwohnungen** sind Wohnungen, die bis zum 24.6.1948 bezugsfertig geworden sind. „Bezugsfertig" sind Wohnungen in dem Zeitpunkt, in dem der Bau soweit gefördert war, daß den zukünftigen Bewohnern zugemutet werden könnte, den Wohnraum zu beziehen.

Wohnungen, die in der Zeit vom 25.6.1948 bis zum 31.12.1949 bezugsfertig geworden und ohne öffentliche Mittel, ohne Grundsteuervergünstigung und ohne Grundsteuerbeihilfe gebaut worden sind, gehören auch dazu. Sind diese Wohnungen ohne öffentliche Mittel, aber mit Grundsteuervergünstigung oder Grundsteuerbeihilfe gebaut worden, so gelten die Vorschriften über Altbauwohnungen auch hier entsprechend. Auskunft hierüber muß der Vermieter geben.

Altbauwohnungen sind unter den oben genannten Bedingungen auch solche Wohnungen, die in Einfamilienhäusern liegen, wenn deren steuerlicher Einheitswert am 1.1.1935 unter DM 30.000 betrug.

Keine Altbauwohnung ist eine Wohnung, die zwar in einem alten Haus liegt, aber erst nach dem 31.12.1949 wieder neu aufgebaut oder wiederhergestellt wurde.

242   2. Der Vermieter kann die Zustimmung zur Mieterhöhung nach § 2 MHG jährlich bis zu 5 % verlangen (§ 2 GVW). Mieterhöhungen nach den §§ 3-5 MHG bleiben daher außer Betracht. Allerdings ist bei Mieterhöhung nach diesen Vorschriften zu beachten, daß bei Mietverhältnissen, die bis zum 31.12.1987 begründet worden sind, nur Veränderungen berücksichtigt werden dürfen, die nach diesem Zeitpunkt eingetreten sind.

Die Wartefrist von einem Jahr gemäß § 2 Abs. 1 MHG gilt in Berlin nicht (§ 2 GVW).

243   Die Miethöhe bei Neuvermietungen ist begrenzt. Bis zum 31.12.1991 darf bei Abschluß eines Mietvertrages der vereinbarte Mietzins den bisherigen Mietzins, dem darin bisher nicht enthaltene Erhöhungsbeträge nach den §§ 3-5 des Gesetzes zur Regelung der Miethöhe hinzugerechnet werden dürfen, nicht um mehr als 10 % übersteigen.

Eine Erhöhung des Mietzinses ist für diesen Fall nicht vor Ablauf eines Jahres nach Abschluß des Mietvertrages zulässig.

244   Besonderer Kündigungsschutz besteht bei Umwandlungen von Altbaumietwohnungen in Eigentumswohnungen. Wird an einer Altbauwohnung nach Überlassung an den Mieter Wohnungseigentum begründet, und ist das Wohneigentum bis zum 31.12.1987 veräußert worden, ist eine Eigenbedarfskündigung gemäß § 564b Abs. 2 Nr. 2 BGB frühestens nach Ablauf des 7. Kalenderjahres nach dem Jahr der Veräußerung, längstens jedoch bis zum 31.12.1990, zulässig. Dies gilt nicht für Wohnraum, über den der auf die Veräußerung gerichtete Vertrag vor dem 01.01.1980 abgeschlossen worden ist.

245   Bisher preiswidrige Vereinbarungen innerhalb fortbestehender Mietverhältnisse sind ab dem 01.01.1988 insoweit wirksam geworden, als der bisherige Mietzins nicht um mehr als 10 % überstiegen wird.

Stichwortverzeichnis

Die Autoren: Rainer Endriß und Klaus Malek, Rechtsanwälte in Freiburg, sind seit vielen Jahren bei der Rechtsberatung engagiert und verfügen über praktische Erfahrungen in allen Bereichen des Mietrechts.

Pflichten werden uns schnell mitgeteilt, doch über unsere Rechte wissen wir wenig!

Hier helfen die Dreisam-Ratgeber „Recht" weiter: kompetent aktuell und verständlich.
Die Dreisam-Ratgeber Reihe:

- Drogen und Recht
- Ratgeber für Kriegsdienstverweigerer
- Scheidungsrecht
- Mieterrechte
- Achtung Polizei
- Patientenrechte
- Arbeitnehmerrechte
- Sozialratgeber Familie
- Der Weg zum Medizinstudium
- Verbraucherrecht
- Ratgeber für Wehrpflichtige
- Psychiatrie und Recht

In Vorbereitung:
- Wilde Ehen
- Erbschaft und Recht

Damit Sie Ihr Recht bekommen:

Dreisam-Ratgeber „Recht"

In jeder Buchhandlung. Bitte fordern Sie unsere Prospekte an:
Dreisam-Verlag, Hansaring 84-86, 5000 Köln 1
Tel. (02 21) 13 80 44, Fax (02 21) 13 29 67

Aktuell, praktisch, verständlich:
Die Dreisam-Ratgeber „Recht"

Endriß / Malek
Patientenrechte
Ein Ratgeber für den Umgang
mit Arzt und Krankenhaus
162 Seiten, DM 19,80
ISBN 3-89452-303-4
Oktober 1990

Die Beziehung zwischen Arzt und Patient hat sich im Laufe der letzten zehn Jahre erheblich gewandelt. Zahlreiche, zum Teil sehr publikumswirksame Veröffentlichungen haben das kritische Bewußtsein der Öffentlichkeit gegenüber der Ärzteschaft geschärft. Patientenschutzorganisationen wurden gegründet, die in kritischen Situationen Hilfe anbieten. Das geänderte öffentliche Bewußtsein und die Aussicht, im Streitfall kompetente Hilfe zu erhalten, hat viele Patienten ermutigt, ärztliches Handeln nicht mehr als schicksalhaft hinzunehmen und hinter den „Halbgöttern in Weiß" Menschen zu sehen, die Fehler machen können und die für Ihre Fehler verantwortlich gemacht werden können. Diese Entwicklung hat sich natürlich auf das Vertrauensverhältnis zwischen Arzt und Patient ausgewirkt. Ein partnerschaftlicher Umgang zwischen beiden setzt aber voraus, daß beide — Patient und Arzt — ihre Rechte und Pflichten kennen.

In jeder Buchhandlung. Bitte fordern Sie unsere Prospekte an:
Dreisam-Verlag, Hansaring 84-86, 5000 Köln 1
Tel. (02 21) 13 80 44, Fax (02 21) 13 29 67